Investitionsgeheimnisse

auf lange Sicht

Inhalt

Vorsichtsmaßnahmen bei der Investition in Kryptowährungen 5

Was Sie bei langfristigen Investitionen in Kryptowährungen beachten sollten. 11

Ist es langfristig profitabel, in Kryptowährungen zu investieren?..................... 15

Spekulation bei langfristigen Investitionen in Kryptowährungen 18

Der Bitcoin-Kurs mit langfristiger Sicht 21

Wie Sie Ihr Kryptowährungsportfolio auf lange Sicht aufbauen können 23

Können Kryptowährungen langfristige Investitionen sein? 34

Bildung einer Strategie für die langfristige Investition in Kryptowährungen 37

Beispiele und Visionen für langfristige Investitionen in Kryptowährungen 59

Die effektivsten Strategien beim Investieren in Cardano 65

Was Sie bei langfristigen Investitionen in Kryptowährungen beachten sollten. 67

Überlegungen und Zweifel zum langfristigen Handel 76

Die Investitionsrolle von Social Trading 80

Der "HODL oder stirb"-Trend 86

Maßnahmen für ein langfristiges Investment in Bitcoin 87

Langfristige Investitionen in Kryptowährungen sind im Trend aufgrund der großen Anzahl von Nutzern, die auf diesen Weg wetten, obwohl es eine volatile Option ist, ist es auch wahr, dass es Zeugnisse des Erfolgs gibt, die jeden anziehen, aber Sie müssen die besten Strategien kennen, um die besten Entscheidungen zu treffen.

Sie müssen einen offenen Geist bewahren, um mehr und mehr über dieses Umfeld zu lernen, denn Kryptowährungen erzeugen einen bedeutenden Boom, mit exorbitanten Ergebnissen, sowie beträchtlichen Verlusten, so dass Sie nichts für selbstverständlich halten können, oder aufhören, Risiken einzugehen, um eine positive Marge für Ihr Leben zu erhalten.

Vorsichtsmaßnahmen bei der Investition in Kryptowährungen

Wenn Sie über Kryptowährungen als langfristige Anlagemaßnahme nachdenken, sollten Sie gewisse Prognosen nicht vergessen, denn einerseits gibt es die breite Anziehungskraft einer digitalen Währung wie Bitcoin, die über 40.000 USD erreicht, aber viele beschreiben sie als eine Flugbahn mit Höhen und Tiefen, bei der Sie geduldig sein müssen.

Durch einige Marktbewegung, können Sie eine unvorhersehbare Änderung auf den Wert einiger Kryptowährung zu erzeugen, kommen, um Ihre Erwartungen vollständig zu übertreffen, oder, auf der anderen Seite, kann jede Illusion zu zerstören, sind Anführungszeichen, die für oder gegen Sie gehen kann, im Fall von Bitcoin hatte seine skeptischen Lapses bis zu einem Platzen.

Aber das Beispiel dieser bahnbrechenden Kryptowährung lässt Sie wissen, wie aktiv dieses Medium ist, in dem die Markttrends die Bedingungen vorgeben, seit 2018 sind die Investitionen in diese Vermögenswerte in die Höhe geschnellt, und mit diesen gleichen Investitionen hat sich der Preis der Kryptowährungen verändert.

Der aktuelle Kryptowährungsmarkt durchläuft ein viel reiferes und bewussteres Stadium, was auch die Teilnahme von institutionellen Medien hervorhebt, so dass es ein zuverlässiges Szenario für verschiedene Benutzer ist, obwohl es immer noch ein Raum ist, in dem jederzeit ein Vermögenswert zusammenbricht oder steigt.

Der volatile Funke der Kryptowährungen verschwindet nicht, aber es gibt bestimmte Schritte, die Ihnen helfen können, zu regulieren, was passiert, denn mit einer Reihe von Alternativen können Sie mehr Vertrauen im Falle eines Ereignisses haben, daher sollten Sie die folgenden Bestimmungen kennen, wenn Sie Ihre Investition tätigen:

1. Ausreichend Erfahrung sammeln

Es mag wie eine grundlegende Empfehlung erscheinen, aber in jedem Finanzmarkt ist Wissen und Erfahrung erforderlich, um Entscheidungen zu treffen, abgesehen davon, dass man mit dem Risiko der Volatilität leben muss, besonders wenn es um Kryptowährungen geht, bei denen mehr Vorsichtsmaßnahmen berücksichtigt werden sollten.

Es besteht kein Zweifel, dass Bitcoin im Laufe der Zeit für die Demonstration der Variabilität eines Preises verantwortlich war, aber dies sollte niemanden abschrecken, denn jeder Markt hat Risiken, obwohl der Vorteil auf dem Blick in die Zukunft liegt, da es eine profitable Alternative auf lange Sicht ist, durch die verschiedenen positiven Ergebnisse ausgesetzt.

Die Volatilität in diesem Bereich kann auf lange Sicht zu Ihren Gunsten arbeiten, da der Wertzuwachs eher einem Anstieg als einem Rückgang unterliegt, aber das Wichtigste ist zu akzeptieren, dass das Risiko nicht nur bei der Währung liegt, sondern bei der Startkraft, die ihnen zur Verfügung steht, weshalb sie jeden Markt und wiederholt zusammenbrechen können.

Aus diesem Grund ist die Bewertung eine Fähigkeit, die jeder Investor haben muss, da sie Ihnen erlaubt, festzustellen, ob der Vermögenswert dem richtigen Profil entspricht, um zu investieren, sowie Sie selbst sich einer Befragung unterziehen müssen, um Ihren Puls zu messen, besonders wenn Sie verstehen, dass Sie Teil eines hochvolatilen Marktes sein werden.

Die Bewältigung dieses unvorhersehbaren Aspekts kann für einige Investoren kompliziert sein, dies liegt an der Unerfahrenheit über diesen Sektor, sie erhöhen vollständig die Bedeutung der vorherigen Analyse dessen, was Sie finden werden oder was Sie unterworfen sein werden, so ist es keine sehr empfehlenswerte Alternative für Anfänger, Sie müssen eine vorherige Basis haben.

2. Legen Sie nicht Ihr gesamtes Kapital in einen einzigen Vermögenswert an

Der Ausgangspunkt für das Investieren und insbesondere für die Entscheidung über die Art des Assets, auf das Sie setzen wollen, ist eine gründliche Recherche, was das Investieren in digitale Assets ausmacht, da dies Ihnen erlaubt, alle Risiken zu beherrschen und mit ihnen zu arbeiten, die mit diesem Grad an Volatilität einhergehen, der auf dem Markt vorherrscht.

Zusätzlich zum volatilen Niveau des Marktes müssen Sie berücksichtigen und wissen, dass es mehr als 7.000 digitale Währungen gibt, aber nicht alle von ihnen funktionieren oder passen zu einer langfristigen Investition, ebenso schaffen es nicht alle von ihnen zu überleben, also müssen Sie sich beim Eintritt in diesen Markt über die Funktion der Kryptowährung informieren, die Ihre Aufmerksamkeit erregt.

Indem Sie alles, was hinter diesem Vermögenswert steht, gründlich verstehen, können Sie mit mehr Klarheit investieren, Sie können alle Richtlinien oder Regeln über traditionelle Investitionen in die Praxis umsetzen, aus diesem Grund ist es wichtig, dass Sie auf eine diversifizierte Art und Weise investieren können, anstatt nur alle Ihre Mittel auf die gleiche Kryptowährung zu widmen.

Bei professionelleren Anlegern empfehlen oder verwenden sie ein Muster der Zuteilung eines Teils Ihres Portfolios, d.h. nur 5 % oder 10 % auf einem Markt zu verwenden, die Verteilung des Prozentsatzes hat viele Modalitäten oder Praktiken, es ist üblich, 80 % dem zu widmen, der Vertrauen erzeugt und 15 % dem Rest eines Vermögenswertes oder Vermögenswerten.

3. Verfolgen Sie aufmerksam die Nachrichten und die technische Analyse

Wenn Sie Teil des Kryptowährungsmarktes sind, können Sie nicht anders, als alles zu überprüfen, was heutzutage passiert, denn ein Vermögenswert hat Bewegungen rund um die Nachrichten, dies kann so empfindlich sein wie ein Gerücht oder ein einfacher Tweet, wie es ständig mit Elon Musk passiert, was Bitcoin oder Dogecoin direkt beeinflusst.

Es ist eine Umgebung, in der alles möglich ist. Aus diesem Grund müssen Sie Ihre Filter aktiv halten, um zu erkennen, was in der Branche passiert, indem Sie jede Information mit dieser Perspektive lesen, können Sie Maßnahmen für Ihre Investition ergreifen, besonders wenn es sich um kommende Veröffentlichungen handelt.

Jenseits von Berühmtheiten gibt es weitere Faktoren, die den Markt bewegen, da bestimmte Hedge-Fonds einen gewissen Einfluss ausüben und Teil jener Nachrichten sind, die den

Markt in Aufruhr versetzen, denn die Volatilität hängt von diesen Arten von Faktoren oder Variablen ab, aber das bedeutet nicht, dass Sie die technische Analyse aufgeben sollten.

An einem Tag gibt es eine große Anzahl von Bewegungen, die eine Spur hinterlassen, die als Volumen bekannt ist und die untersucht werden kann, um jegliche Vorkommnisse zu erkennen, denn hinter der Preisänderung eines Vermögenswerts kann eine Reihe von Positionen nachgewiesen werden, die bei der Investition ausgenutzt werden können.

Was Sie bei langfristigen Investitionen in Kryptowährungen beachten sollten

Langfristig in Kryptowährungen zu investieren, kann eine profitable Entscheidung sein, obwohl es ein riesiger Markt ist, den man in der Tiefe kennen muss, solange man einige Daten berücksichtigt, kann man dieser Art von Anleitung folgen, obwohl diese Form der virtuellen Investition Ihnen erlaubt, jede Form der Operation zu untersuchen.

Das Wichtigste ist, dass es sich nicht um eine zentralisierte Form, sondern im Gegenteil, Banken oder Institutionen nicht eingreifen, aber es ist Algorithmen, die den Kauf und Verkauf ermöglichen, ist einfach, wo es ein Maß an Sicherheit und

Geschwindigkeit attraktiv im Vergleich zu anderen Vermögenswerten manifestiert.

Ein hoher Wert ist ein riesiger Weckruf, daher sollten Sie die folgenden Punkte als einen der ersten Schritte kennen, um mit dem Investieren zu beginnen:

- **Schritte zur Investition in Kryptowährungen**

Eine allgemeine Regel ist es, wenig zu investieren beginnen, so dass Sie aus Ihren Fehlern lernen können, es hilft auch, jedes Maß an Angst zu reduzieren, die Sie präsentieren können, ist es wichtig, dass Sie nicht vor sich selbst zu bekommen und haben Geduld, wenn Sie beginnen, das ist der beste Weg zu finden und zu entwickeln Strategien im Zusammenhang mit Handel.

Auf der anderen Seite ist, wie bereits erwähnt, Vorbereitung alles, bevor man einen wichtigen Schritt macht. Daher sollten Sie über die Blockchain-Technologie recherchieren, die mittels eines einzigartigen Registers entwickelt wird und die Bewegung digitaler Währungen ermöglicht, da es auch wichtig ist, über das zirkulierende Angebot im Vergleich zu den gesamten Währungen Bescheid zu wissen.

Die Zirkulation von Währungen, besteht aus denen, die erzeugt werden und diejenigen, die in der Existenz vorhanden sind, ist dies als Inflation, die den Austausch von Brieftaschen, sowohl öffentliche und private Schlüssel beinhaltet bekannt, die Beherrschung dieser ermöglicht es Ihnen, alle Probleme in der Zukunft zu begrenzen zu investieren.

Der Trick ist also, so viel wie möglich zu lesen, so können Sie konkretere Schritte unternehmen, wenn Sie in Kryptowährungen investieren, dies ist Teil des Wesens des Marktes, und in der Zukunft ist eine Maßnahme, die Ihnen helfen wird, kein Geld zu verlieren, da Sie lernen, werden Sie viel sicherer in Ihren Entscheidungen sein.

Erfahrung kann durch Lesen gewonnen werden, und das Verständnis für jeden Ihrer Fehler, es ist auch ein riskanter Weg, aber nach und nach können Sie ausgezeichnet tun, sobald Sie eine gute Investition, die Teil dieser digitalen Währungen, wo bei jedem Schritt müssen Sie die Art des Austauschs zu machen, zu bewerten.

Sie können sich so lange Zeit lassen, wie es nötig ist, es gibt keine Eile, weil alles von Ihrer Bequemlichkeit abhängt, Sie sollten nach attraktiven Raten Ausschau halten, denn egal wie groß oder klein die Investition ist, Sie sollten auf positive

Ergebnisse abzielen, aber Sie sollten nie mehr investieren, als Sie bereit sind zu verlieren.

- **Kryptowährungen mit der größten Aufmerksamkeit oder Popularität auf dem Markt**

Die Handelsaktivität jeder Kryptowährung ist sehr profitabel, obwohl Sie einige Auflagen genau verfolgen müssen, damit Sie alles hinter einem Verkauf oder Kauf verstehen, da dies direkte Auswirkungen auf Kryptowährungen hat, besitzt der Handel im Großen und Ganzen einige feste Möglichkeiten oder Alternativen.

Eine der besten Inzidenzen über Kryptowährungen ist Ethereum, wie es eine der größten Kryptowährungen in Bezug auf die Kapitalisierung geworden ist, wurde es im Jahr 2014 erstellt, dies dient auch als eine Plattform und verwendet die Ether-Münze, eine Währung, die mit Smart Contracts läuft gehalten wird.

Auf der anderen Seite ist die Bedeutung von Bitcoin immer noch gültig, da es eines der ersten ist, so dass es einen wertvollen Fußabdruck auf dem Markt hat, seit 2009 hat sich vollständig unter einer Versorgungsobergrenze von 21 Millionen Bitcoins gewachsen, um mit ihnen zu transacten entwickelt eine anonyme Operation, so dass Kunden nicht solche Transaktionen zu identifizieren.

Drittens ist das Startup auf Litecoin geparkt, da es Teil des Bitcoin-Projekts ist, arbeitet es als vollständig dezentralisiertes globales Netzwerk mit Zahlungen, die durch Open Source entwickelt wurden, diese Kryptowährung wird viel mehr in sofortigen Transaktionen verwendet, oder kann verwendet werden, um andere Kryptowährungen zu kaufen.

Investieren in Kryptowährungen ist eine weite Welt der Möglichkeiten, digitales Geld ist ein Teil der Zukunft, so kleben, um den Markt gründlich kennen können Sie bessere Dividenden verlassen, Gewinne sind nur einen Schritt entfernt von Ihnen.

Ist es langfristig profitabel, in Kryptowährungen zu investieren?

Die Investition in eine Kryptowährung, insbesondere in eine wie Bitcoin, gilt als eine der volatilsten, da die Preise verschiedenen Schwankungen unterliegen, aber das bedeutet nicht, dass sie aufhört, eine sehr attraktive Anlage zu sein, insbesondere im Vergleich zu physischen Vermögenswerten.

Verschiedene Analysten halten eine vollständige Überzeugung über das Investieren in Kryptowährungen auf lange Sicht, dies ist als Hodl bekannt, was bedeutet, dass Sie die Kryptowährung halten sollten, anstatt sie zu verkaufen, wobei Sie das Prinzip verstehen, dass Kryptowährungen viel bequemere Investitionen für Einzelpersonen als für Unternehmen sind.

Kryptowährungen werden in der Regel wegen der Art der Kontroversen, die sie umgeben, angezweifelt, aber auch andere Aspekte treiben das Niveau der Volatilität, die auf den Preis von Vermögenswerten, die als ein instabiles Ökosystem interpretiert werden kann, bis zu dem Punkt, dass sie in den Augen einiger Investoren nicht gut angesehen sind.

Jenseits der Kontroversen, die Kryptowährungen umgeben, können Sie sich schrittweise an langfristige Investitionen herantasten. Sie sind eine großartige Alternative mit einem hohen Grad an Risiko, aber annehmbar, der einzige Nachteil, den Sie im Auge behalten sollten, ist, dass Sie langfristig mit fallenden Marktpreisen konfrontiert werden können.

Scharfe Stürze sind die einzigen Feinde, da sie direkte Auswirkungen auf die Kryptowährungspreise besitzen, da es sich um einen breiten Kryptomarkt handelt und

Vermögenswerte als Teil der Blockchain-Technologie ändern, um eine Waffe der Zukunft zu sein, inmitten dieses Angebots ist die Möglichkeit von:

- **Handel mit Kryptowährungen**

Die Investition von Kryptowährungen, wird eine Realität unter der Funktion des Kryptowährungshandels, wo Sie kaufen und verkaufen können, um die Schwankungen, die sich entwickeln, auszunutzen, dies kann von einer Brieftasche getan werden, da sie spezialisierte Agenten für diesen Zweck sind.

Zu den beliebtesten Handelsoptionen gehören Binance, Coinbase Pro, Poloniex, Kraken, Bitfine und Bitrex.

- **Langfristige Investition in Krypto-Assets**

Was zu langfristigen Investitionen darstellen, sind als Blockchain-Projekte als eine langfristige Sicht, aber die als ERC 20 Typ in der Mitte der Ethereum-Blockchain entwickelt wird, ist es eine Art von Investitionen, die ein hohes Maß an Wissen erfordert, vergleichsweise wie es Investitionen in Risikokapitalfonds ist.

- **Pensionsfonds für Kryptowährungen**

Einige Institutionen fangen an, auf die Schaffung eines Fonds auf der Basis von Krypto-Assets zu wetten, der für die Altersvorsorge gedacht ist, um einen Vermögensverwalter für digitale Währungen zu haben, dies wird ein Durchbruch für Institutionen, da es erlaubt, ein Rentenkonto zu schaffen, bis zu dem Punkt, dass sie Investoren in Kryptowährungen sind.

Die Investition in einen Kryptowährungsfonds kann wichtige Ergebnisse in der Zukunft generieren, immer mehr Menschen sind motiviert, diesen Schritt zu machen, was zu einer erfolgreichen Investition führen kann, die Ihnen Seelenfrieden gibt, diese Art von Einfluss wird auf dem Kryptowährungsmarkt präsentiert.

Es besteht kein Zweifel, dass die Investition in cryptocurrencies auf lange Sicht, solange Sie das Risiko nehmen können, der Rest ist eine ausdauernde und geduldige Begriff zu halten, vor allem für einige positive Renditen zu Ihren Gunsten entstehen.

Spekulation bei langfristigen Investitionen in Kryptowährungen

Jeder große Investor schließt heutzutage Kryptowährungen als wichtigen Unterhalt mit ein, vor allem, weil es sich um einen Vermögenswert handelt, der sich langfristig aufwertet und gute Dividenden in den Portfolios hinterlässt, daher werden Kryptowährungen als Wertaufbewahrungsmittel gesehen, so wie es Gold zu seiner Zeit war.

Zwischen Bitcoin und Ethereum, sie sind bekannt als die größten Vermögenswerte in der Welt, aufgrund ihrer exorbitanten Niveau des Aufstiegs, wo jeden Monat übertraf sie ihre Preise oder Werte, herausfordernd alle Prognosen, aber es ist auch wahr, dass sie drastisch sinken, wie Bitcoin, schwebte über $40.000 USD und dann fallen auf $35.000 USD.

Diese Demonstrationen sind ein klares Beispiel für die Höhe der Volatilität, im Laufe der Geschichte haben sich diese Szenarien wiederholt, aber gleichzeitig ist es einer der Gründe, warum es attraktiv ist, da die Spekulation zu Ihrem Vorteil genutzt werden kann, diese Komponente ist eine Versuchung, einen prozentualen Gewinn zu erzeugen.

Die Paradigmen rund um Kryptowährungen haben sich geändert und sie bevorzugen diesen Weg gegenüber traditionellen Institutionen, wobei Skeptiker die Möglichkeit offen lassen, auf diese Weise zu handeln, was ein Schutz vor Inflation ist, den man auf eine Art zentralisierte Finanzinstitution drängen kann.

Dieser Vermögenswert ist in der Lage, alle Arten von Spekulationen zu überwinden, daher wird er als eine Art langfristiges Anlageportfolio integriert, jenseits aller Veränderungen auf dem Markt schaffen es diese Vermögenswerte, in Bezug auf den Gewinn gesund zu bleiben, sie sind Investitionen, die sich in Multi-Asset übersetzen, obwohl der Feind zu überwinden ist, dass Barriere der Rückzug zu früh.

Sicherlich muss die langfristige Sicht unterstützt werden, mit einem positiven Ausblick auf den Vermögenswert, das ist, was in der Zukunft einige neue Aufwärtsbewegung erfolgreich geerntet werden kann, das ist, was das Niveau des Gewinns, den Sie generieren, konsolidiert, das ist eine groß angelegte studierte Richtung, um bullische Trends zu folgen.

Auf der anderen Seite kann ein Preisverfall genutzt werden, um die Art des Gewinns, den Sie machen, zu erhöhen, da er als wirtschaftlicher Preis genutzt wird, um auffällige Prozentsätze zu ernten, so dass es eine günstige Option auch für Einzelhändler ist, es ist ein explizites Potenzial auf dem Speicher des Wertes, es ist eine Art von virtuellem Gold.

Die Fähigkeit einer Kryptowährung, die Inflation beiseite zu schieben, ist sehr wichtig, es ist eine Art moderner sicherer Hafen, deshalb ermöglichen diese Finanzanlagen eine breite

Diversifizierung von Investitionen, es ist eine Möglichkeit, das Beste aus der spekulativen Seite zu machen, inmitten des Aufschwungs können Sie Bitcoin und Ethereum verfolgen.

Alles, was eine Kryptowährung zieht, ist berüchtigt über seine Bewegungen, aber es ist ein Marsch, der nach oben oder unten funktioniert, an einem gewissen Punkt die Anstiege haben Rekordhöhen erreicht, in diesem Aspekt ist, dass die Ähnlichkeiten und Unterschiede der einzelnen Kryptoasset unterschieden werden, die Rolle der einzelnen hinter dem Wert der gleichen untergebracht ist.

Der Bitcoin-Kurs mit langfristiger Sicht

Da der Markt für Kryptowährungen unreguliert ist, erhält er ein hohes Maß an Sichtbarkeit, steht aber in direktem Kontakt mit einer beträchtlichen Menge an Fluktuationen, so dass man, wenn man das Wachstum von Bitcoin oder anderen Währungen genau verfolgen möchte, mit einem gewissen Risiko rechnen muss.

Es gibt sehr wenig Regulierung für Kryptowährungen, dies kann für viele eine große Attraktion sein, während es für andere eine totale Unsicherheit darstellen kann, aber zumindest ist es ein Zahlungsmittel, das mehr Macht erlangt, abgesehen davon, dass es als bidirektionales Medium eingestuft wird, weil es gegen eine traditionelle Währung wie Dollar oder Euro getauscht werden kann.

Kurzfristige Marktschwankungen werden durch jede Art von Medienfaktoren beeinflusst, aber wenn Sie bestrebt sind, eine langfristige Investition zu tätigen, können Sie diesem Vergleich folgen, der alle Ihre Befürchtungen verdeutlicht:

- **Der Einfluss der Regulierung auf den Bitcoin-Kurs**

Einige Rückgänge, die Bitcoin erlitten hat, stehen im Zusammenhang mit einigen regulatorischen Maßnahmen oder fielen mit diesen zusammen, was zu einigen Gerüchten geführt hat, dass, wenn Kontrollmaßnahmen eingeführt werden, es einen Rückgang seines Preises geben wird, weil die Transaktionen viel mehr gemessen werden.

Hinzu kommt das Verbot des Kryptowährungshandels, das in einigen Ländern umgesetzt wurde, was ebenfalls einen niedrigeren Preis auf Bitcoin verursachte, aufgrund der Angst, das investierte Geld wegen der diktierten Maßnahme zu verlieren, aber einige andere Nachrichten wie die positivere Börsenposition der Europäischen Union haben einen Aufschwung verursacht.

Bisher ist dies der bestimmendste Punkt oder Faktor für den Preis oder die Notierung von Bitcoin, der Rest sind Nachrichten von großen Unternehmen oder Dienstleistungen, die sich mit diesem Zahlungsmittel verbinden oder nicht, aber im Allgemeinen ist es eine der zuverlässigsten Kryptowährungen gewesen.

Wie Sie Ihr Kryptowährungsportfolio auf lange Sicht aufbauen können

Eine Anlagestrategie in Kryptowährungen ist eine ausgezeichnete Planung, in diesem Medium hebt die langfristige Option, die nach mehr als 7.000 Kryptoassets auf dem Markt realisiert werden kann, können Sie frei wählen und gehen langsam experimentieren mit den notwendigen Grundlagen, die dieser Markt verlangt.

Die Wahl einer Kryptowährung kann Sie wirklich zum Millionär machen, aber die Schritte, die zu befolgen sind, beziehen sich auf die Erweiterung des Portfolios, zusätzlich zu dem Wissen, wie man einige Instrumente auf lange Sicht verwendet, all dies wird durch die Erforschung des Marktes beantwortet, dieser Schritt ist konstant und ein Anfänger kann ein Experte werden.

Ein langfristiges Kryptowährungsportfolio kann nach einigen grundlegenden Konzepten gebildet werden, die es Ihnen ermöglichen, auf dem Laufenden zu bleiben, zusätzlich zum Bilden und Studieren einer Liste von Kryptowährungen, die es einfach machen, zu investieren.

1. Langfristig zu verfolgende Konzepte

Investitionen, die langfristig getätigt werden, mit der Absicht, den Vermögenswert in der Zukunft zu verkaufen, sei es für etwa ein Jahr oder wie lange auch immer, sind als Hodling bekannt, in der Tat wird es oft als Synonym für eine langfristige Investition verwendet.

Aber dieser Begriff, besitzt den Glauben, dass Wetten auf einen Vermögenswert, der in der Lage ist, den Mond zu erreichen, wird eine praktikable Strategie, vor allem, weil einige zuverlässige Maßnahmen oder Daten, sind verantwortlich für die Bestätigung dieser Tatsache, es ist die gleiche Sache, die mit konventionellen Investitionen passiert.

Die Kryptowährungsbranche hat einen volatilen Charakter, da ständig Veränderungen auftreten und gleichzeitig ein hohes Risiko besteht, da die Vermögenswerte einer drastischen Mobilität unterliegen, die gleichzeitig Gewinne aus so vielen Veränderungen ermöglicht.

Ein Kauf, der heute getätigt wird, kann im Laufe des Jahres seine Gültigkeit verlieren, dies ist dem Volatilitätsfaktor zu verdanken, daher erfordert es ein tiefes Studium der kryptographischen Ereignisse, diese Art von Dynamik sorgt für Gewinne, ist aber auf lange Sicht ein Investitionspfad mit einer geringeren Risikospanne.

Wenn Sie einen ersten Schritt in Kryptowährungen machen wollen, ist es auf lange Sicht eine positive Methode für Neulinge, aber Sie müssen eine konstante Teilnahme haben, damit es eine größere Kompatibilität mit dem Kryptowährungsportfolio gibt, da die Anforderung ist, diese Umgebungen zu beherrschen.

2. Vorteile von langfristigen Kryptowährungsinvestitionen

Das Niveau der Krypto-Volatilität ermöglicht es Ihnen, den Wert der Krypto-Investitionen nacheinander zu erhöhen, dies bedeutet gleichzeitig, dass Sie selbst ein Projekt in der Zukunft bauen können, nach der Ursache, die es über den Vermögenswert oder was es für die Welt darstellt, so werden Sie ein aktiver Teilnehmer auf dem Markt sein.

Auf der anderen Seite ist es ratsam, bei langfristigen Investitionen auf die aufstrebenden Werte zu achten, denn diese

Art des Haltens ist ein Zeichen für erhebliche Gewinne in der Zukunft, wie es bei Bitcoin und den Investoren, die von Anfang an daran glaubten, der Fall war.

Ein Vorteil seiner Qualitäten als Vermögenswert ist, dass es keine Auferlegung einer zentralen Autorität gibt, was bedeutet, dass die zentrale Kontrolle den Nutzern auferlegt wird, so dass sie in der Lage sind, die Vorteile seiner dezentralen Zusammensetzung zu nutzen, so dass keine Regierung in der Lage ist, den Wert zu deflationieren oder zu inflationieren.

3. Die Nachteile einer langfristigen Investition in Kryptowährungen

Der Nachteil von langfristigen Kryptowährungsinvestitionen ist, dass eine gewisse Inflation oder Volatilität die Zukunft entwerten kann, im Falle von Kryptowährungsqualitäten auf digitalen Vermögenswerten basieren, die einer Art von Hacking auf die Wallets ausgesetzt sind, sowie die Verfolgung des Portfolios.

Der Login zu einer Wallet, in der die Gelder aufbewahrt werden, kann verloren gehen oder angreifbar sein, weil ein

Passwort vergessen wurde oder eine Art von Hacking stattfindet, daher sollten Sie eine Umgebung wählen, die absolut zuverlässig ist.

4. Aufbau eines Kryptowährungsportfolios

Die Entscheidung, in Kryptowährungen zu investieren, muss klar sein, über die Vision, die Sie gehen, um zu halten, das heißt, wenn Sie es für eine lange Zeit halten wollen, müssen Sie einige grundlegende Punkte zu untersuchen, es ist ein Schritt für Schritt, die ein besseres Ergebnis erleichtert, zuerst, müssen Sie eine Kryptowährung wählen, auf die Sie gehen, um zu investieren.

Die Wahl der Kryptowährung erfordert eine gründliche Recherche über den Vermögenswert, dies dient dazu, dass Sie Ihre eigenen persönlichen Kriterien aufstellen, um die Entwicklung des Vermögenswertes auf lange Sicht zu studieren, ist es erforderlich, die volle Aufmerksamkeit auf den Ruf hinter der Währung zu widmen.

Die beste Beratung, die Sie tun können, ist durch soziale Netzwerke, aber vor allem zu berücksichtigen, die Meinung einiger Benutzer, die Erfahrung in der Welt der cryptocurrencies haben, dies ermöglicht es Ihnen, zum zweiten Schritt zu bekommen, wie es die Forschung der Hauptidee, auf dem der Vermögenswert gehalten wird.

Solange eine Kryptowährung auf die Lösung von Problemen der Blockchain-Technologie fokussiert werden kann, bedeutet dies, dass es eine Zukunft gibt, die von einer Vision unterstützt wird, die es dem Vermögenswert ermöglicht, zu wachsen, was bedeutet, dass der Vermögenswert eine solide Grundlage hat, um die Spitze einer Branche zu werden.

Sie müssen sich fragen, ob diese Kryptowährung Ihre ganze Aufmerksamkeit bekommt, dies ist einfach anhand der Marktkapitalisierung der Kryptowährung zu bestimmen, das heißt, der Marktanteil eines digitalen Assets wird getestet, je höher die Kapitalisierung, desto geringer das Risiko für einen Investor.

Die Erfahrung, in diese Art von Markt zu investieren, wird durch Portfoliodiversifikation erworben, wobei die allgemeine Regel befolgt wird, nicht das gesamte Kapital auf einen einzigen Vermögenswert zu setzen, insbesondere wenn es um langfristige Investitionen geht, so dass der Kauf von mindestens zwei Krypto-Assets auf lange Sicht für mehr Sicherheit sorgen kann.

Die Daten, die es gibt, werden als die Chancen eines Vermögenswertes verstanden, im Wert zu steigen, da dies die Gewinne sind, die Sie verfolgen wollen, sobald dieser Schritt bestanden ist, ist die nächste Sache, den Kryptowährungsportfolio-Tracker zu bestimmen, dafür können Sie einige Tools implementieren, die detaillierte Informationen liefern.

Diese Art von Service, der wie ein Browser funktioniert, kann durch Cryptocompare oder Cointracker gefunden werden, ist auch nützlich, da sie umfassende Dienstprogramme sind, die Ihnen erlauben, Ihre Investitionen zu verfolgen, auf lange Sicht erlauben sie Ihnen auch, eine digitale Brieftasche zu haben, die Multi-Währung in der Natur ist, sollte es sicher und sicher sein.

5. **Die Art der Kryptowährung, aus der Sie wählen können**

Beim Aufbau eines Kryptowährungsportfolios ist ein Schritt, der oben erwähnt wurde, die Marktanalyse, da dies es einfacher macht, die Art von Optionen zu beurteilen, in die man investieren kann, indem man nach einer Alternative sucht, die vielversprechend ist, so dass das Potenzial auch in einer

Art von Kategorien gemessen werden kann, die helfen, Präferenzen zu beurteilen.

Die Erstellung des Portfolios beginnt mit diesen Haupt-Kryptowährungen, die als wesentliche Säulen für das Niveau der Kapitalisierung, die sie darstellen, und den Einfluss, den sie ausüben können, fungieren. Im Fall von Bitcoin ist es eine Alternative, die die ganze Welt mit jeder Bewegung bewegt und eine vernünftige Investitionswahl ist.

Auf der anderen Seite ist ein leistungsstarker Kryptowährungstyp wie Ethereum (ETH), der dezentralisierte Börsen antreibt, eine sehr wertvolle Entwicklung innerhalb des Marktes, da er eine Variable auf der Blockchain ist, die wiederum den Wert von ETH aufrechterhält und zu einem sehr wertvollen Instrument wird, um das Portfolio zu starten.

Aber in diesem Markt können Sie auf einige anonyme Kryptowährungen stoßen, da es sich um einen Asset-Typ handelt, bei dem auf die Identität geachtet wird, die gleichzeitig Privatsphäre für alle Arten von Nutzern über die Transaktionen bietet, hat dieser Modus Nachfrage über diesen Markt, weil die Welt an mehr technologischen Blockchains festhält.

Die Annahme und das Wetten auf diese Art von Kryptowährungen erreicht eine steigende Zahl, aus diesem

Grund bewirkt die Untersuchung dieses Aspekts, dass anonyme digitale Vermögenswerte mehr geschätzt und als Teil der täglichen Routine investiert werden, eine der beliebtesten Kryptowährungen, die Privatsphäre garantieren, ist Zcash, die alle Arten von Operationen ermöglicht.

Ein Punkt, den man eingehend studieren sollte, ist das Protokoll der Kryptowährungen, da in der Mitte des Vermögens vielversprechende Projekte auf globaler Ebene entwickelt werden, dies begann durch Initial Coin Offerings (ICO), dies ist derzeit deaktiviert, da es als Betrug angekündigt ist, aber es gibt Projekte, die technologische Lösungen haben.

Einer der aktuellen dezentralen Trends ist über eine geforderte Industrie eingerichtet, es besitzt die Hauptmotivation, reale Anwendungen zusammen mit intelligenten Verträgen zu vereinen, in dieser Hinsicht ist Chainlink auffällig über die Kryptowährungslisten gewachsen.

Im Fall von Polkadot ist unter einem Markt entwickelt, die ein hohes Maß an Glaubwürdigkeit hat, dank der Tatsache, dass es eine Plattform, die alle Arten von Lösungen, wenn Sie Transfers zwischen Ketten, zum Angriff Probleme der Skalierbarkeit, für die DOT-Währung ist auch eine gute Wahl auf lange Sicht.

In diesem Sinne sticht auch Cardano (ADA) hervor, da es das Ergebnis eines breit angelegten Projekts ist, das einige zentrale Probleme der Blockchain-Technologie, wie z. B. die fehlende Skalierbarkeit, die Erhöhung der Transaktionsgeschwindigkeit, als Zeichen der Sicherheit und Transparenz verstärken soll.

Der Ruf dieser Art von Kryptowährung ist tadellos, so dass es eine hohe Marktkapitalisierung hat, die ein hohes Potenzial hat, Lösungen für jedes Ereignis auszugeben, diese ADA-Münze passt vollständig zu den Strategien des Kryptowährungsportfolios.

Ein Vermögenswert, den man genau verfolgen sollte, ist MIOTA, da es als ein Vermögenswert von großer Relevanz bekannt ist, obwohl es ein Detail hinter der IOTA-Kryptowährung ist die Art und Weise, wie es funktioniert, aufgrund der Tatsache, dass es keine Kommission oder Bergleute hat, weil die Entwickler des Projekts ein autarkes Netzwerk gebildet haben, das skalierbar ist und erlaubt, Transaktionen zu bestätigen.

Diese Art von Projekt arbeitet nicht über die Blockchain-Technologie, sondern verwendet eine Form des Konsens wie

Tangle, behält aber die anderen Qualitäten digitaler Währungen bei, wie Dezentralisierung, Verschlüsselungsmethoden und keine Kontrolle von außen.

Eine interessante Option zu messen ist NEO, die reichlich Vorteile, die Vertrauen erzeugt haben, bis zu dem Punkt der Rangliste als einer der führenden Münzen in Bezug auf die Anzahl der gesamten Marktkapitalisierung, andere Alternativen, die Sie untersuchen können, ist Tron und EOS, da seine Schöpfung hat eine native Blockchain.

Aber immer noch die Situation und der Markt ist immer noch ein wichtiger Faktor, so mit einem Portfolio mit vielversprechenden Maßnahmen, kann eine Art von Verlust zu reduzieren, ist es ein Job, der Ihnen hilft, können die Zahlungen zu erhöhen, um die Gebühren, die auf internationale Transaktionen existieren zu verringern.

Die Verwendung von XLM lässt eine offene Tür für Unternehmen, da es von Unternehmen verwendet wird, die millionenschwere Kapitalisierungen haben, gleichzeitig hört es nicht auf, eine wirtschaftliche Kryptowährung zu sein, seine Bewegungen signalisieren einen häufigen Aufwärtstrend als seine typische Entwicklung.

Eine schnelle Version von allem, was Bitcoin darstellt, ist Litecoin, wo es Teil der ersten oder wichtigsten Kryptowährungen des Augenblicks ist, und seine Bewegungen deuten darauf hin, dass es ein nachhaltiges Verhalten ist, deshalb kann es ein idealer langfristiger Kauf sein, vor allem, um einige prädiktive Signale zu implementieren, die nützlich sind.

Eine Kryptowährung mit einer großen Reise ist Bitcoin Cash, da es eine der Forks ist, die es erlauben, eine Kryptowährung mit der größten Marktkapitalisierung zu sein, aber es ist eine Industrie, die eine Menge von Vermögenswerten für Sie zur Verfügung stellt, um die zu wählen, die Sie am zuverlässigsten für Ihre Pläne finden.

Jede Kryptowährung hat ein anderes und spezielles Angebot, auch ihr Kauf ist einfacher mit der Art der Technologie, die derzeit in jedem finanziellen Schritt beteiligt ist, können Sie investieren, solange Sie im Auge behalten den Grad der Volatilität, zu dem Sie gehen, um sich auszusetzen.

Können Kryptowährungen langfristige Investitionen sein?

Der Einstieg in das Feld der Kryptowährungen kann viele Fragen aufwerfen, die wichtigste ist, ob sie ein gutes Finanzinstrument sind, auf das man langfristig setzen kann. Dies wurde von Experten erklärt, die von dem Wachstumspotenzial überzeugt sind, das jede Kryptowährung gezeigt hat.

Die Betrachtung dieser virtuellen Währungen ist aufgrund seiner breiten Investitionsmöglichkeit, aber auf lange Sicht kann eine wichtige Frage beiseite zu lassen, innerhalb dieses Themas hat renommierte Institutionen wie die Bank of America, wie es einen Bericht über die Tugenden dieser Art von Investitionen auf lange Sicht ausgesetzt teilgenommen.

Die historischen Höchststände, die von diesen Vermögenswerten erreicht wurden, dienen als Beweis dafür, dass es sich um interessantere Finanzmärkte handelt als die traditionellen, so dass sie als Teil einer digitalen Chance genutzt werden können, die das Leben verändern kann.

Die Analyse, die auf cryptocurrencies präsentiert wird, arbeitet, um dieses Konzept zu begleichen, aber zur gleichen Zeit müssen Sie die Stärke haben, um für die Fälle zu warten, die präsentiert werden, wo eine goldene Regel zu folgen ist, um zu warten, dass der Preis zu sinken, um Teil des Kaufs von cryptocurrencies zu sein, so dass Sie sich nicht von dieser Option trüben lassen.

Geschäftsberichte und Studien weisen darauf hin, dass es immer noch eine große Angst gibt, in Kryptowährungen zu investieren, insbesondere davor, seine Investition komplett zu verlieren, da es sich auch um einen Markt mit ständigen tiefen Rezessionen handelt, weshalb er als volatil bezeichnet wird.

Aber die Dips über die Kryptowährung Welt kann in eine Qualität Sprung drehen, es ist eine Allee zu profitieren und wird als ein rechtzeitiger Kauf beschrieben, es ist profitabel, solange Sie verzweifelten Verkauf ausweichen können, indem Sie beiseite, dass Sie über die besten Tage über dieses Medium stolpern können.

Investieren in schwierigen Zeiten ist eine Hilfe, um über Verluste hinwegzukommen, Bärenmärkte sind ein rechtzeitiger Start, um eine langfristige Investition zu tätigen, das ist ein Weg, um eine komplette Strategie auf diesem Medium zu bilden, aber es ist bewiesen, dass es mindestens 1.100 Tage dauert, um sich von Verlusten zu erholen.

Das alles hängt vom Verhalten der Kryptowährungen ab, was das Tempo zeigt, mit dem sich der Vermögenswert bewegt, wobei die Volatilität eine Eigenschaft ist, mit der man leben muss, vor allem wegen der gefürchteten bärischen Bilanz, dies drängt auch auf die Materialisierung von schnellen Erholungen, jenseits dessen, was man denkt.

Bildung einer Strategie für die langfristige Investition in Kryptowährungen

Der Markt hinter den Kryptowährungen hat eine sehr hohe Mobilität, dies ist auf sein Wachstum zurückzuführen, aber ohne feste Trends, so dass die Herstellung von Hodl eine der Aufgaben ist, die es zu meistern gilt, auch wenn es für Anfänger kompliziert sein kann, ist es eine Situation, in der man als erstes die Art der Verluste annehmen muss.

Aber es gibt keine Gewissheit im Markt, es ist ein Gefühl, mit dem man umgehen muss, denn es ist unmöglich, mit Sicherheit zu wissen, welche Richtung eine Investition oder der Markt selbst nehmen wird, auch wenn einige Gurus Signale oder Vorhersagen anbieten, aber diese Schätzungen können am Ende nicht funktionieren.

Daher ist die beste Antwort, zu analysieren und eine Strategie zu bilden, die es Ihnen erlaubt, langfristig Geld zu verdienen. Das ist es, was die Möglichkeiten für Gewinne eröffnet, die auf einem sichereren Weg oder zumindest durch die Hand Ihrer eigenen Entscheidungen zustande kommen, dafür müssen Sie einige Aspekte abschätzen.

Wenn Sie bestimmte Punkte kennen und studieren, können Sie Gewinne generieren, um ein gesundes und gut genährtes Portfolio zu bilden, wobei Sie bestimmte negative Aspekte wie die Probleme der menschlichen Psychologie eliminieren müssen, keine Idee ist unfehlbar, aber es kann eine Strategie sein, die durch goldene Regeln beim Investieren gebildet wird.

Die Beschreibung einiger bewährter Praktiken kann Ihnen helfen, einen Totalverlust zu vermeiden und sogar gewinnbringende Gelegenheiten zu finden, die ins Auge fallen, aber es gibt keinen Grund, sich vollständig auf alles zu konzentrieren, was schief gehen kann.

Die am meisten empfohlene oder angenommene Position ist es, Hodling zu tun, wo die Empfehlungen, die in Coinmarketcap ausgesetzt sind, als eine Art und Weise, das Kryptowährungsportfolio zu bilden, gefolgt werden, wobei man der Spitze folgt, die in anerkannten Plattformen ausgesetzt ist, aber von der Qualität ausgeht, dass es viele junge Vermögenswerte gibt und zu allem führen kann.

Das Nachdenken über einen Strategieplan ist essentiell und bringt Ihnen eine Menge Vorteile. Sie können diesen Vergleichslinien oder Konzepten folgen, um einen festen Schritt zu haben, dem Sie folgen können:

- **Aufbau einer langfristigen Anlagestrategie**

Die Hauptsache ist, dass das Kapital, das Sie investieren werden, nicht unentbehrlich für Ihren Lebensunterhalt sein sollte, d.h. es ist Geld, das Sie bereit sind zu verlieren, weil es sich um Mittel handelt, auf die Sie nicht zurückgreifen können, bis die geschätzte Zeitspanne oder ein gewünschter prozentualer Gewinn verstrichen ist.

Die Absicht ist, dass Sie nicht über den Fonds nachdenken, der nicht zur Verfügung steht. Genauso wichtig ist es, das Projekt, in das Sie investieren wollen, genau zu kennen, denn davon hängt das Wachstum oder der Fortschritt dieser Anlage ab. Um diesen Punkt der Überzeugung zu erreichen, sollten Sie sich fragen, welche Art von Problemen es löst und welcher Branche es gewidmet ist.

Wissen ist auch wichtig, wenn Sie erforschen, wer hinter dem Projekt steckt. Auf diese Weise können Sie vermeiden, Geld zu verlieren, vor allem wegen mangelndem Wissen, dieser

Teil Ihrer Strategie sollte die großen Bewegungen, die auf dem Markt präsentiert werden, einbeziehen.

Die breite Zukunft von Kryptowährungen hängt von der Grundlage ab, die auf einem Projekt besteht, dieser Ausgangspunkt ist für die langfristige Sicht auf die vielversprechende Seite unerlässlich, genauso wie es für mittelfristige Investitionen funktioniert, da die Blockchain-Technologie von diesen Faktoren der Entwicklung abhängt.

Der Einfluss dieser Fragen ist etabliert, um im Laufe der Zeit zu bleiben, dh Kryptowährungen sind eigene Tag zu Tag, so Wetten auf diese Weise ist eine Verbesserung für jeden, der die richtige Investition bekommt, halten Sie dies im Auge öffnet den Weg zu investieren systematisch zu kaufen, wenn der Preis am niedrigsten Punkt ist.

Dann konzentriert sich der Verkauf auf die überbewerteten Momente, aber es genau richtig zu machen, erfordert eine Menge Arbeit oder eine Vision, die für einige wie unmöglich erscheinen mag, aber das Investieren beinhaltet eine Methodik, um Ergebnisse zu erhalten, das Wesentliche ist, dass Sie sich nicht um einige Bewegungen auf dem Markt sorgen.

Die Kryptowährungsumgebung wird immer als eine volatile Umgebung eingestuft werden, daher werden Sie sich immer ständigen Stresssituationen aussetzen, aber wenn Sie es akzeptieren und herausfinden, wie Sie es vermeiden können, können Sie mit dem umgehen, was auch immer passiert, bis zu dem Punkt, dass Sie ignorieren, was auch immer passiert, das ist die Art von Wellness, die ein Investor in Betracht ziehen kann.

Bei langfristigen Investitionen müssen Sie mit einem Konzept leben, das "Market Timing" genannt wird, es ist eine illusorische Fähigkeit, die Richtung zu finden, in die sich der Markt bewegen wird, aber es wird als illusorisch beschrieben, weil es eine praktisch unmögliche Aktion ist, egal wie viele Jahre Sie über diese Alternative besitzen.

Wenn Sie versuchen, diese Art von Domain zu gewinnen, können Sie in eine Reihe von katastrophalen Schritten verfallen, die dazu führen können, dass Sie Geld verlieren. Deshalb müssen Sie von Anfang an verstehen, dass diese Anstrengung vergeblich sein kann, weil sie komplex ist, am Ende ist sie selbst eine Intuition.

- **Das Werkzeug der Selbsterkenntnis**

Auf dem Kryptowährungsmarkt müssen Sie sich mit einer wichtigen Tatsache auseinandersetzen, es hat nichts mit der Volatilität zu tun, noch viel weniger mit Betrügern, sondern direkt mit Ihren eigenen Emotionen und Überzeugungen über dieses Medium, deshalb haben oder behalten die Strategien die Absicht, die Gefühle zu kontrollieren.

Während des Entscheidungsprozesses ist es das Richtigste, in einem neutralen Zustand zu bleiben, da Sie Teil eines Marktes sind, der sich nicht rational verhält, aber in kurzer Zeit kommen einige Nachrichten heraus, und aus diesem Grund sollten Sie nicht losrennen, um zu verkaufen, noch viel weniger, ohne darüber nachzudenken, was es für Sie bedeutet.

Auf lange Sicht sollten Sie mit einem höheren Maß an Rationalität handeln, da diese Eigenschaft dann dazu genutzt werden kann, sich nicht von jeder Bewegung einschüchtern zu lassen, denn mit Angst können Sie die folgenden häufigen Fehler machen:

1. Sie investieren in eine Anlage, die Sie nicht kennen oder nicht verstehen.
2. Sie denken nicht daran, Ihre Investitionen zu diversifizieren.
3. Sie kaufen und verkaufen kontinuierlich.
4. Sie setzen eine Hebelwirkung ein und tätigen Leerkäufe.

Es ist auch wahr, dass die menschliche Seite in manchen Fällen unkontrollierbar sein kann, da normalerweise mehr Wert auf die emotionale Seite eines jeden Schrittes oder einer Entscheidung gelegt wird, in diesem Fall wäre es, wenn man sich zu sehr in einer Währung oder in einer Art Marktbewegung verfangen würde.

Diese Art von Ansicht sollte gelten, wenn eine Person erklärt, dass eine Währung steigen sollte, nur weil sie das Konzept mag oder etwas Ähnliches, denn wenn das Gegenteil passiert, werden Sie nur irgendeine Ausrede ausbreiten wollen, um zu sagen, dass es eine ungewöhnliche Bewegung war, aber Sie gehen niemals davon aus, dass Sie falsch lagen, weil Sie diese Haltung hatten.

Der Markt hat ein Verhalten wie jeder andere auch, jenseits der Art von Gefühlen, die man für ihn entwickeln kann, aus diesem Grund kann die rationale Seite nicht aus irgendeinem Grund verschwinden.

- **Recherche zu den Projekten, in die investiert werden soll**

Wenn Sie langfristig investieren, ist es nicht notwendig, sich an die Candlesticks zu halten, noch viel weniger an die Trends, die auf einem Chart markiert sind, sondern an die

Schlüsselpunkte, die über das Kryptowährungsprojekt existieren, so dass eine persönliche Forschung Ihnen hilft, Antworten zu bekommen, es ist kein komplizierter Schritt und es ist sehr nützlich.

Innerhalb der Forschung, die Sie tun, müssen Sie einige Merkmale erfüllen, diese müssen in der Tiefe untersucht und analysiert werden, um eine Position auf jede Kryptowährung zu nehmen, innerhalb derer die folgenden Punkte hervorheben:

1. Was und wer steckt hinter dem Projekt.
2. Das Asset und sein Wert ist klar genug.
3. Wie das Projekt funktioniert, entdecken Sie alle technischen Aspekte.
4. Die Art des Problems, das es löst, und seine Verbindung mit realen Problemen.
5. Stellen Sie fest, ob dies ein echtes Problem ist.
6. Die Branche, in der die Anlage tätig ist.
7. Die Partnerschaften hinter einer Kryptowährung.

Dieser Weg macht es Ihnen leichter, die Technologie zu erkennen, die auf Kryptoassets existiert, da die Industrie, die diese Wertpapiere unterstützt oder den Münzen einen Zweck auferlegt, ein entscheidendes Gewicht besitzt, aber wenn Sie auf die Gewinne warten, sollten Sie sich von diesen Punkten fernhalten, ebenso von Artikeln, die irgendeine Investition empfehlen.

Die Lektüre einiger sozialer Netzwerke ist nicht genug, sie sind reine Meinungen, so dass eine eigene Recherche den Weg öffnen kann, da die Verantwortung zu investieren auf Ihrer Seite liegt, unabhängig davon, was sie Ihnen empfehlen können.

- **Das diversifizierte Anlageportfolio**

Eine mächtige Waffe im Umfeld von Kryptowährungen ist die Diversifizierung, da sie der beste Weg ist, um Risiken zu senken, denn egal wie viel man über ein Projekt gelesen hat, es gibt immer noch viel zu lernen, vor allem weil die Überwindung der Unsicherheitsphase davon abhängt, dass man sich Risiken stellt, die man nicht kennt.

Durch den Kauf verschiedener Assets besteht die Chance, die Fehlermarge zu verringern, aber die Zukunft kann nicht gesichert werden, egal wie vielversprechend sich eine Kryptowährung herausstellt, da sie am Anfang ein paar Cent wert sein kann und dann stark ansteigt oder ein Flop ist, alles kann passieren.

Heutzutage, da verschiedene Währungen gefunden werden, kann man daran denken, auf die besten zu wetten, aber es gibt Bedrohungen, die man im Auge behalten muss, die in der Lage sind, jede Prognose zu stürzen, da keine Art von Industrie durch eine Kryptowährung vollständig verbessert und garantiert wird, aufgrund der Tatsache, dass die anderen Industrien selbst ein Wettbewerb sind.

Im Fall von IOTA am Anfang nicht verwenden Blockchain-Technologie, aber heute gibt es Kreis und Hashgraph, das gleiche passiert mit Ripple, die gewidmet war, um das Bankensystem zu unterstützen, sondern durch Stellar versucht, einen Anteil am Markt der ersten zu erhalten.

Die Suche nach einem ausgewogenen Portfolio, ist durch zwei Alternativen, erstens, indem Sie eine ähnliche Menge an Geld auf jeder der Kryptowährungen, die Teil Ihres Portfolios sind, oder zweitens können Sie mehrere Arten von Kryptowährungen haben, diese beiden Ansätze werden empfohlen.

Ein grundlegender Schritt ist es, das Investitionsportfolio durch verschiedene Arten von Kryptowährungen zu erstellen, dann können Sie sich darauf konzentrieren, eine verteilte Investition in gleichen oder ausgewogenen Anteilen zu halten, dafür können Sie als Referenz einen Fonds von $10.000 USD nehmen und ihn auf 10 Kryptowährungen mit einem Wert von jeweils etwa $1.000 USD aufteilen.

Die Arten von Kryptowährungen sind wie folgt:

1. Token, die assetbasiert sind.

Die Asset-basierte Token boomt und gibt eine Darstellung auf den Wert eines anderen Asset-Klasse, gilt dies auf Gold, Kunstwerke, Fiat-Währung, unter anderem, diese Modalität ermöglicht es Ihnen, in Vermögenswerte, die nicht cryptocurrencies selbst zu investieren, aber durch die gleiche können Sie auf sie wetten.

Sie sind als Stable Coins oder stabile Münzen bekannt, es ist eine Möglichkeit, diese Waren auf einfache Weise zu erwerben, so dass Sie, anstatt ein Kunstwerk im Wert von Millionen zu kaufen, einen Teil davon durch die Token haben können, es ist ein Bruchteil der Preise, der alles interessanter und in Ihrer Reichweite macht.

Das Gleiche passiert, wenn Sie in Gold investieren wollen, denn Sie erhalten keinen physischen Vermögenswert oder müssen sich um die Lagerung kümmern, es ist eine viel einfachere Möglichkeit für Sie, Teil des attraktivsten Vermögens der Welt zu sein.

2. Token, die sich auf Werte beziehen.

Value-Token werden mit der Funktion der Geldbeschaffung entwickelt, d.h. sie bieten keinen Zugang zu einer Dienstleistung, sondern ermöglichen die Teilnahme am Wachstum des Projekts, und es ist auch ein Vorteil, denn wenn der Token im Laufe der Zeit entfernt wird, erhalten Sie eine Entschädigung.

Diese Art von Kryptowährung ist nicht so populär wie die anderen, aber die Aufmerksamkeit sollte auf die Vorschriften gerichtet werden, die diese Vermögenswerte haben, so kann es ein größeres Risiko als andere Optionen sein, weil das Niveau der Unsicherheit komplex ist, um zu verringern.

Die Frage der Sicherheit schränkt nicht ein, dass dies eine interessante Art der Investition ist, denn in der Mitte des Fundraisings ist eine Lösung mit großem Potenzial, die hilft, eine bessere Struktur der Aktionäre innerhalb des Unternehmens zu bilden, können Sie die Frage des rechtlichen Rahmens überprüfen, um diese Schritte mit Vertrauen zu nehmen.

3. Utility-Münzen.

Die Token, die Utilities entsprechen, werden für Dapps gebaut oder gewidmet, das heißt, um vollen Zugang zu den Diensten der Plattformen zu haben, ist sein Design rein auf eine Blockchain-Anwendung konzentriert, es gilt als eine Art von Token, die riskant sind, wegen der Bühne, in der sie sind.

Im Falle der Verwendung auf Ethereum immer noch präsentiert Skalierbarkeit Probleme, und ein weiterer negativer Aspekt ist nicht zu wissen, die Plattform auf lange Sicht als Favorit gewählt, wie es eine akzentuierte Präferenz auf NEO und dann auf Ethereum sein kann, gibt es keine Garantie für diese, so dass die Entwicklung der einzelnen Anwendung ist dazu verurteilt, diese Zweifel.

Es hängt alles von der Arbeit hinter einer Plattform ab, denn wenn im Fall von Ethereum das Detail der Skalierbarkeit gelöst ist, bedeutet das, dass der Service, der auf den Apps angeboten wird, nicht der geeignetste oder begehrteste sein wird, so dass, wenn ein effizienter Service geliefert wird, was passieren wird, ist, dass der Token wächst und Belohnungen bietet.

4. Münzen von bestimmten Plattformen.

Sie sind Währungen, die vollständig mit der Blockchain-Technologie verbunden sind und innerhalb ihrer Funktionen die Erstellung von Anwendungen auf ihr haben, diese sind bekannt als Ethereum, Cardano, Lisk, NEO und andere, da die Plattform viel mehr verwendet wird, wird mehr Nachfrage auf Kryptowährungen bestehen.

Da Kryptowährungen auf Anwendungen verwendet werden, bedeutet dies, dass dank der gleichen kann in einem ICO gekauft werden, diese Art von Währung wurde als eine der sichersten betrachtet, auch Hafen ein großes Potenzial für weiteres Wachstum, weil ihre Blockchain Lösungen auf dezentraler Ebene zu fördern.

Es ist schwierig zu bestimmen, welche Kryptowährung die beste Entwicklung hat, aber mit einer gründlichen Untersuchung können Sie Ihre Optionen diversifizieren, es ist eine Kategorie, die man gründlich entdecken sollte, vor allem, um den Vorteil zu nutzen, dass sie keine Vorschriften haben und ihre volle Form beibehalten, weil sie geschaffen werden, um Dienstleistungen zu erwerben.

5. Transaktionswährungen.

Sie sind eine Art von Kryptowährungen, die die Funktion der Bereitstellung von Wert erfüllen, ein klares Beispiel für dieses

Konzept ist Bitcoin, da es ein Vermögenswert ist, der diese Bedingungen erfüllt, das gleiche geschieht im Fall von Litecoin, Zcash, Dash und andere, viele von ihnen haben ein hohes Maß an Popularität, wo viele Wert auf die Art der Privatsphäre.

Über diesen erwähnten Optionen können Sie andere Kategorien finden, aber sie sind nur formale Klassifizierungen und wenn es darum geht, zu investieren, können Sie die oben genannten Arten von Kryptowährungen in Betracht ziehen, im Falle von ICOs passen sie zu jeder der erwähnten Klassifizierungen, es ist ein variierendes Angebot.

Wenn Sie das Konzept jeder Art von Kryptowährung kennen, können Sie diversifizieren, indem Sie auf jede Art von Vermögenswert in Prozentsätzen wetten, je nachdem, wie viel Vertrauen Sie haben oder wie vielversprechend das Konzept für Sie ist, es kann 30 % auf Transaktionsmünzen, 25 % auf Plattformmünzen, 10 % auf Wert- und Dienstprogramm-Token und 25 % auf Asset-backed-Münzen sein.

Die beliebtesten Optionen, um mit diesem Prozentsatz zu vervollständigen, werden in Stellar, Ethereum, Bitcoin, Cardano, Monero, NEO, IOTA und EOS geschätzt, dies ist ein Beispiel, das Sie an Ihre Präferenz anpassen können, Sie müssen an ein Gleichgewicht denken, das sich an Sie anpassen kann, zusätzlich zu dem Risiko jeder Kryptowährung nach Ihrem Konzept oder Projekt.

Die häufigste Alternative ist, ein ausgewogenes Verhältnis von Fonds zu haben, aber ohne Grund können Sie es in einer unverhältnismäßigen Weise zu tun, und wählen Sie die, die zu viel gestiegen sind, zu verkaufen, um zu beginnen, andere zu kaufen, die niedrig über dem Markt sind, so dass das Portfolio bleibt lebendig erwerben Prozentsatz der Gewinn.

- **Andere Komponenten der Strategie**

Am Ende einer Forschung auf der Welt der Vermögenswerte können Sie getrost die Kryptowährung wählen, um zu anderen Elementen der Strategie fortzufahren, um langfristig zu investieren, dies erlaubt, den Zweck der Erhaltung der Disziplin in jedem Schritt oder Entscheidung zu erfüllen, da es der wichtige Aspekt ist, so dass Verluste nicht erzeugt werden.

Wenn Sie dem Thema Disziplin keine Aufmerksamkeit schenken, werden Sie nicht in der Lage sein, Ihre Emotionen bezüglich Ihrer Investitions- oder Finanzentscheidungen zu unterdrücken. Das ist es, was Ihnen die Chance gibt, Gewinne zu ernten, wenn sich ein Bullenmarkt präsentiert, aber wenn Sie zu früh oder unangemessen verkaufen, werden Sie es bereuen.

Die besten Tipps oder Aktionen, um eine langfristige Kryptowährungsinvestition zu ergänzen, sind wie folgt:

1. Wählen Sie einen Zeitraum, in dem Sie das Portfolio eingehend studieren, bis Sie zuversichtlich genug sind, das Gleiche gilt für die Messung des Fortschritts und das Treffen von Entscheidungen darüber, dies kann einmal pro Woche oder einmal pro Monat geschehen, wichtig ist, dass es ein bequemer Tag ist, damit keine Eile besteht und Sie eine gute Analyse machen.
2. Verwenden Sie eine Anwendung, um eine tiefe Preisanalyse durchzuführen, eine gute Alternative ist Altpocket, da es Ihnen erlaubt, die Performance zu visualisieren, die auf den gesamten Portfolio-Optionen besteht, es ist eine breite Ansicht, die die Vielfalt der Kryptowährungen umfasst.
3. Legen Sie eine durchschnittliche Preisspanne fest. Dies dient dazu, den maximalen Investitionsbetrag zu ermitteln, der Ihnen für diesen Zweck zur Verfügung steht, zusätzlich zu der Zeit, über die Sie diese Investition halten werden.

4. Entscheiden Sie sich für eine Strategie, um Gewinne zu erzielen, d.h. bestimmen Sie den Zeitpunkt, zu dem Sie die Kryptowährung verkaufen werden, um Gewinne zu erzielen, und wie viel Sie verkaufen werden, am besten ist es, das Portfolio prozentual anzupassen, wobei Sie Ausdauer haben müssen, um ausgewogen zu verkaufen.

Diese Art von Daten wird geschätzt, um Klarheit über die zu befolgenden Schritte zu haben, so dass kein Szenario Sie überrumpelt, sondern Sie mit Hilfe einer Unterstützung zum richtigen Zeitpunkt handeln werden.

- **Schätzungen zum Kauf**

Mit diesen Grundregeln ist es einfacher, alles klar zu haben, wenn Sie Kryptowährungen kaufen, um Ihr Portfolio oder Depot aufzubauen. Am besten ist es, wenn die Käufe schrittweise erfolgen, damit Sie die Volatilität reduzieren können, denn den besten Zeitpunkt zu identifizieren ist eine unmögliche Aufgabe.

Aber es ist am besten, ein wenig auf einmal zu kaufen, da dies keine negativen Auswirkungen auf Ihre Mittel oder Investitionen hat, können Sie die Risiken auf diese Weise reduzieren, plus der durchschnittliche Preis macht es einfacher für Sie, verschiedene Kryptowährung Optionen zu kaufen, anstatt alle Ihre Investitionen auf einmal zu platzieren.

Wenn Sie diese Art von Schritten befolgen, können Sie einen guten Preis erreichen, und gleichzeitig können Sie die Emotionen über diese Trades verringern, ohne über die zukünftige Situation des Marktes nachzudenken, Sie müssen nur verschiedene Zeiträume festlegen, um zu kaufen, ohne auf die Art der aktuellen Situation zu achten, die auf dem Markt ist.

Das Programm oder der Durchschnittspreis, kann durch die Häufigkeit gemessen werden, auf die Sie planen, zu investieren, kann es wöchentlich, monatlich und jährlich sein, dies geht in Kombination mit dem Betrag auf jeder der Runden der Käufe zu investieren, Wetten auf einen durchschnittlichen Kosten ist ein wichtiger Weg, um das Risiko auf jede Situation zu reduzieren.

Wenn Sie langfristig investieren, ist das, was Sie anstreben, dass der Wert der Kryptowährung steigen kann, diese Art von Ansicht nimmt über Ihr Versteck jeden Druck ab, eine andere Option ist, alles auf einmal zu kaufen, wenn Sie einen bemerkenswert niedrigen Preis sehen, aber dieser Schritt trägt eine Menge Risiken.

Aber wenn Sie alles auf einmal kaufen und der Preis fällt, können Sie darüber nachdenken, alles auf einmal zu verkaufen, da dies eine viel komplexere psychologische Position für Sie ist, aber das Kaufen durch verschiedene Preise beeinflusst oder erzeugt nicht diesen inneren Kampf, den richtigen Zeitpunkt zu erkennen.

Zum Zeitpunkt der Einstellung von Aufträgen sollte nicht unter dem Marktpreis durchgeführt werden, denn am Anfang kann es eine bequeme Aktion sein, aber dies verringert den Gewinn um den Prozentsatz Ausgabe, auch wenn Sie für einige Börsen wie Kucoin, Binance, Bittrex und Poloniex entscheiden, können Sie Preise, die nicht die besten auf dem Markt zu finden.

- **Neugewichtung des Portfolios**

Das Rebalancing des Portfolios ist eine Aktivität, die als Vermögensverwaltungsprozess konzipiert ist. Dies beinhaltet den Verkauf bestimmter Kryptowährungen, die stark im Wert gestiegen sind, und den Kauf anderer, um das Gleichgewicht herzustellen, damit die Vermögenswerte, die sich im Anlageportfolio befinden, nicht an Bedeutung verlieren.

Wenn eine Kryptowährung auf 400 % reduziert wird und andere Stabilität haben, bedeutet dies, dass der

Vermögenswert 40 % Ihres Portfolios werden kann, auch wenn Sie zu Beginn nur 10 % für diese Art von Vermögenswert hatten. Eine Möglichkeit, diese Änderungen zu sehen, ist durch ein Tortendiagramm.

Diese Methode ist eine Probe folgen für Sie, um alle Informationen der Vermögenswerte, die Sie haben, eine erste Aktion ist es, den Teil der cryptocurrencies, die in großen Ebenen in der letzten Zeit gewachsen sind zu verkaufen, diese Art von Schritt sollte auf einer wöchentlichen, monatlichen oder halbjährlichen Basis durchgeführt werden.

Aber am ratsamsten ist es, dass Sie keine kurzen Zeiträume wählen, weil die Ausgabe von Provisionen nicht rentabel ist, einmal mindestens alle drei Monate, ist das Beste, ohne in eine unbeständige Situation zu fallen, um irgendeine Entscheidung zu treffen, denn das lässt nur schlechte Ergebnisse beim Kauf und Verkauf.

- **Erfassen der Gewinne**

Gewinnmitnahmen mögen auf den ersten Blick einfach erscheinen, vor allem, wenn Sie feststellen, dass Ihre Investition gewachsen ist, denn das Ziel ist es, einen Punkt der Rentabilität zu erreichen, aber dies ist ein komplizierter Weg und muss auf lange Sicht beibehalten werden, es sei denn, einige Bedingungen haben sich drastisch geändert.

Wenn Sie den investierten Fonds nicht benötigen, ist es besser, eine normale Entwicklung zu beobachten, um das Wachstum jeder Kryptowährung abzuwarten, denn es ist nutzlos, das Geld abzuheben, sobald es einen einzigen Anstieg gibt, und die Hochs zu verpassen, die entstehen, ist es schwierig, den Wunsch zu kontrollieren, zu verkaufen, wenn Sie bemerken, dass es beginnt zu steigen.

Es mag gierig sein, einen Prozentsatz des Gewinns anzustreben, aber wenn Sie wirklich daran glauben, basierend auf einem Projekt, können Sie diesen Schritt machen, obwohl Sie berücksichtigen müssen, dass es kein einfach zu bestimmender Punkt ist, und ein Verkauf in Eile nicht viel Sinn macht, obwohl Sie den Fonds brauchen, ist es am besten zu warten und die Belohnung der Ergebnisse zu erhalten.

Diese Art von Strategie erlaubt es Ihnen, die Momente der Angst beiseite zu lassen, da es sich um Situationen handelt, die den Fortschritt der Gewinne begrenzen können. Sie sollten sich also nicht von Nachrichten oder von der Entwicklung des Preises mitreißen lassen, da diese Ideen nur dazu führen, dass Sie einen Fehler machen.

Es ist wichtig zu wiederholen, dass eine gute Recherche als Schlüsselpunkt für eine langfristige Investition funktionieren kann, aber man muss akzeptieren, dass man nicht immer richtig liegen wird, aber ein tiefes Studium über die Projekte hilft Ihnen, Gewinne zu erzielen, anstatt sich mit der Überprüfung der Charts zu beschäftigen, da dies vom Investitionsmodus abhängt.

Beispiele und Visionen für langfristige Investitionen in Kryptowährungen

Eine langfristige Investition in Kryptowährungen wird als ein langer Zeitraum geschätzt, es kann zwischen 12 Monaten und über 18 Monaten zusammengesetzt sein, aber das ratsamste in der Welt der Kryptowährungen ist es, einen noch längeren Zeitraum zu unterstützen, ist es üblich, eine Strategie zu etablieren, die Ihnen erlaubt, Gewinne zu ernten, die Seelenfrieden erzeugen.

Da Sie die Zeit nutzen können, können Sie sie zu einem Element werden lassen, das als Verbündeter für Sie arbeitet, auf diese Weise können Sie die Rentabilität Ihrer Handlungen materialisieren, aber dies wird mittels einer kraftvollen Investition aufgebaut, dieses Niveau der Beständigkeit sollte keine großen Schwankungen erhalten oder mit ihnen rechnen.

Die Suche nach Vorteilen basiert auf der Verwendung von effektiven Flüssen, diese werden von den Vermögenswerten, die Sie in Ihrem Portfolio platzieren, angeboten oder veräußert, auf diese Weise erhalten Sie eine Aufwertung auf den Vermögenswerten des Marktes, der große Unterschied zu den kurzfristigen Investitionen ist, dass diese viel volatiler sind.

Der erste Schritt besteht darin, den Wert der Diversifizierung zu erkennen. Dies erfordert jedoch eine detaillierte Betrachtung von Risiko und Rendite, um zu verstehen, was auf Sie zukommt, damit Sie Ihr Geld mit größerer Zuversicht allokieren können.

Die Herangehensweise an eine langfristige Investition sollte einem viel maßvolleren Profil folgen, da dies der beste Weg ist, um stabilere Schritte zu machen, bis hin zu einer Investition, die viele Jahre ohne ernsthafte Verluste übersteht.

- **Langfristige Investitionen, die rentabel sind**

Ein Aspekt, mit dem man sich ständig auseinandersetzen muss, ist das Risiko, sowie die menschliche Reaktion, es zu minimieren, um sich für den langfristigen Modus zu öffnen, aber es ist auch wichtig, auf die Rentabilität zu achten, da sie Hand in Hand mit dem eingegangenen Risiko geht, weshalb die meisten Leute es vorziehen, sich auf Optionen mit geringem Risiko zu konzentrieren.

Aber die Pflicht erfordert, auf einen Vermögenswert zu setzen, der als profitabel erkennbar ist, dafür können Sie das Risiko zusammen mit dem Portfolio oder den Vermögenswerten, die Sie im Blick haben, anpassen, zusätzlich gibt es die Möglichkeit, es mit Vermögenswerten zu kombinieren, die sicher sind, um das Endergebnis auszugleichen, während das Risiko in einem optimalen Punkt gehalten wird.

Daher müssen Portfolios diversifiziert werden, aber nicht in einzelne Vermögenswerte, sondern suchen Sie nach einer Aktie, da dies ein Weg ist, auf dem Sie eine höhere Rendite erhalten, und langfristig ist diese Ansicht ideal, da die Vermögenswerte im Vergleich zu anderen Finanzinstrumenten besser abschneiden.

Die Kombination von Vermögenswerten ermöglicht es Ihnen, Stabilität zu erreichen, und zur gleichen Zeit Konsistenz, dies ist bekannt als eine gewinnende finanzielle Formel, diese Art und Weise ist ideal, um eine starke Investition Option, um eine kompetente Portfolio zu vervollständigen, durch diese Optionen:

1. Investition mit Dividende

Es wird als eine dedizierte Strategie für langfristige Investitionen herausgestellt, gleichzeitig ist es eine einfache und effektive Modalität, die wiederum eine Dynamik ist, durch die die Hypothese der Wette auf die Gewinne einiger Gesellschaften verfolgt wird, besonders derjenigen, die für die Struktur der Aktionäre angeordnet sind.

Es ist bekannt als eine Strategie, die auf Aktieninvestitionen basiert, deshalb ist sie speziell für Kryptowährungen, die in einem ähnlichen Projekt verankert sind, da die Rendite solcher Aktien in ein variables Einkommen umgewandelt werden kann, weil die Dividenden, die gesammelt werden können, nicht auf einen Vertrag festgelegt sind.

Es hängt alles davon ab, welche Art von Gewinnen das Unternehmen selbst auf ein Geschäft, so sollten Sie ein Unternehmen, das das Niveau der Gewinne erhöht bevorzugen, ist dies direkt spürbar auf die Dividenden, es funktioniert als eine zunehmende Art und Weise zu generieren Einkommen im Laufe der Zeit.

Die Marktschwankungen sind in diesem Fall nicht so wichtig, sie beeinflussen nur, wenn eine Aktie ihren Wert verliert, aber das bedeutet nur, dass es Zeit ist zu kaufen, da dies zu einer hochprofitablen Anlageform führt, jeder Investor kann Abwertungen ausnutzen, um eine höhere Rentabilität zu genießen.

2. **Replizieren eines Index**

In das Thema der Investitionen ist entscheidend, um einige Fonds zu untersuchen, weil Sie das Verhalten eines Marktindex zu replizieren, kann dies in einem festen oder variablen Einkommen entwickelt werden, so zu erhalten oder zu beteiligen, dass Fonds und erstellen Sie ein Portfolio von Vermögenswerten, kann mit Hilfe von Elementen genannt Indexfonds zusammengesetzt werden.

Dieser finanzielle Weg ist sehr nützlich, denn es ist, die Wirtschaft zu replizieren, ohne sich so sehr um die Bildung des Portfolios zu kümmern, es ist ein Management, das als eine passive Philosophie bekannt ist, der Index ist ein Maß, das als eine Gewichtung oder ein Durchschnitt definiert ist, so dass der Grad der Volatilität geringer ist.

Die Schwingungen, die auf diesen Vermögenswerten erzeugt werden, mit in der Lage, sich gegenseitig zu kompensieren, so dass das Risiko vollständig vermindert wird, ist eine Formel, um den Markt zu kämpfen, die eine Menge Risiken zu akzeptieren, aber zu wissen, die Impulse des Marktes kann einen Horizont zu gestalten.

3. Alternative Investmentfonds

Wenn Sie keinen Fonds finden können, der das exakte Verhalten repliziert, können Sie an eine Investition durch Einkommensfonds denken, die variabel ist, es ist eine Möglichkeit, in die Renditen des Fonds selbst zu reinvestieren, mit dem, was produziert wurde, so wird es ein sehr nützliches Finanzinstrument durch langfristige Investitionen.

4. Wertorientiertes Investieren

Es handelt sich um eine Strategie mit großer Popularität dank der Patenschaft von Warren Buffett, der für die Schaffung eines Finanzinstituts in der Welt als eine Religion selbst verantwortlich war, es ist eine Alternative, wo die Wahl eines Fonds mit variablem Einkommen etabliert ist, denn es entwickelt eine Bewertung des Projekts hinter dem Vermögenswert.

Wenn Sie eine Bewertung durchführen, können Sie den Wert erkennen, der hinter dem Ziel einer Aktie steht. Auf diese Weise können Sie das erhaltene Ergebnis mit dem Preis vergleichen, zu dem dieser Vermögenswert notiert werden kann, außerdem können Sie eine Art Rabatt erhalten, der als fundamentaler Aspekt bekannt ist.

Die effektivsten Strategien beim Investieren in Cardano

Cardano ist äußerst interessant, es hat seine Geburt in diesem finanziellen Umfeld seit 2017 und seit dieser Zeit bleibt Klettern wichtige Positionen, dies geht Hand in Hand mit dem Konzept, dass Kryptowährungen haben, da sie eine Preisschwankung haben und kann für einige unerreichbar sein.

Aber abgesehen von einigen Eigenschaften, die dieser Markt besitzt, gibt es eine große Kühnheit seitens der Benutzer, auf digitale Vermögenswerte zu wetten, und dies hat einen wichtigen Gewinn auf gewichtige Optionen wie Cardano, durch seine Kryptowährung ADA produziert.

Unabhängig von der Tatsache, dass die Welt der Kryptowährungen unreguliert ist, ist das Wichtigste, die Trends zu bestimmen, die auf diesem Medium erscheinen, wo ADA als eine attraktive Wette positioniert ist, sollte jeder Investor diese Art von Gelegenheit in Betracht ziehen, die als eine Blockchain von Input Output Hong Kong (IOHK) entworfen dargestellt wird.

Das Interesse der Investoren ist auf dieses Projekt realisiert, das Ausmaß der Cardano in der Welt ist von großer Bekanntheit, wie es erreicht hat, markante Positionen in der Rangliste, viele zum Ausdruck bringen, dass dies aufgrund der Tatsache, dass seine Ankunft hat mit anderen Starts auf diesem Medium zusammenfiel, Ada als Kryptowährung hat im Wert in die Höhe geschossen.

Die Klassifizierung der Token, bekräftigt diese Alternative als eine der besten 10 auf der Marktkapitalisierung, daher ist die ganze Konzentration auf die Cardano-Blockchain gewidmet, die eine Zwei-Schicht-Struktur hat, eine heißt Cardano Setlemet Layer, die für die Durchführung von Transaktionen von Kryptoassets verantwortlich ist.

Die andere Schicht, die Teil des Blocks ist, wird als Cardano Computation Layer genannt, dieser Teil ist gewidmet, um die Anwendungen und die Teilnahme von Entwicklern zu implementieren, deshalb ist es eine Neuheit, die von allen Investoren geschätzt wird, weil andere Kryptowährungen wie Bitcoin, Ripple und andere diejenigen sind, die Blockchain verwenden.

Cardano hat sich allmählich zu einem sehr spannenden Vermögenswert, und große Börsen haben es zu einem Kauf für jeden Benutzer zur Verfügung erleichtert, ist dies eine wichtige Lücke, um langfristig zu investieren, unabhängig von nicht mit einer langen Geschichte, da es nicht mehr als 5 Jahre der Schöpfung hat.

Sie können auf ein fortschrittliches Tool setzen, um das Risiko dieser Investition zu messen. Dies dient als Schutz für Sie, um wichtige Positionen auf einem volatilen Niveau zu erreichen, indem Sie die Bewegungen, die dieser Vermögenswert auf dem Markt entwickelt hat, erhalten, indem Sie diese Ergebnisse beobachten.

Verschiedene Gemeinden teilen die Kriterien des Studiums dieser cryptocurrency in der Tiefe, können Sie eine große Strategie, um für alle seinen Wert zu investieren, dies ist bekannt als Popular Investoren und Benutzer CopyFunds als eine Art von Beratung, um ein Investment-Portfolio zu bilden.

Was Sie bei langfristigen Investitionen in Kryptowährungen beachten sollten

Die Rendite, die es auf dem Kryptowährungsmarkt gibt, ist auffallend, da sie in der Lage ist, bis zu 900% zu bieten, dieses Renditeniveau ist in keinem anderen finanziellen Umfeld ersichtlich, denn mit einer guten Vermutung können Sie $500

USD investieren und erhalten dann als Ergebnis bis zu $5.000 USD, deshalb wird es regelmäßiger umgesetzt.

Eine langfristige Investition ist eine optimale Maßnahme, aber sie erfordert Sorgfalt, weil sie sich sehr schnell bewegt, daher ist die Einbeziehung von Strategien eine Voraussetzung, während sie immer noch vorteilhaft ist, um Ihr Vermögen zu erhöhen, da diese Märkte einen Aufwärtstrend im Laufe der Zeit haben, dies ist Teil der Motivation.

Darüber hinaus ist die Investition in diese Art von Vermögenswerten nicht mit so vielen Gebühren verbunden, da die Börsen einen minimalen Betrag im Vergleich zu anderen traditionellen Investitionsmethoden generieren, und es ist eine weniger risikoreiche Maßnahme, da es von Ihrem Puls abhängt, d.h. unter Ihren eigenen Handlungen ist die Höhe des Gewinns oder Verlusts zu erwarten.

Aber es ist wichtig, dass Sie einen Anteil innerhalb der Welt der Kryptowährungen mit einem Portfolio besitzen, zusammen mit anderen Elementen, die in der Lage sind, eine viel tiefer gehende Lesung, die das Potenzial hinter solchen Vermögenswerten zu messen, ist dies ein Ausgangspunkt, so dass Sie mehr darüber forschen können und Sie können einen Kurs der Aktion erstellen.

- **Langfristige Wertindikatoren**

Damit Sie den Wert eines Assets langfristig im Auge behalten können, können Sie die folgenden Requisiten oder Messinstrumente entwickeln, die Ihnen einen genaueren Überblick über das Geschehen in diesem Markt verschaffen:

1. **Marktanteil**

Es wird als ein Marktanteil beschrieben, der Ihnen erlaubt, das Anteilsniveau für die Marktkapitalisierung zu definieren, um sich zu entwickeln, diese Kryptowährungsinformationen sind wesentlich, um umfassend zu verfolgen, denn wenn es einen berüchtigten Marktanteil gibt, ist es normalerweise eine Dominanz.

Die Höhe der Marktkapitalisierung bezieht sich auf den Raum, um zu wissen, wie hoch die Rentabilität auf lange Sicht ist, so dass Sie ein Portfolio erstellen können, das eine Zukunft und vor allem die Möglichkeit des Wachstums hat.

2. **Gebrauchswert**

Wenn Sie wissen möchten, ob eine Kryptowährung vom Zeitpunkt des Kaufs an für einige Jahre bestehen bleibt, können Sie die Nützlichkeit des Vermögenswerts hinterfragen und recherchieren sowie prüfen, ob es einen aktiven Markt mit

Nutzern gibt, da dies Schlüsselpunkte sind, um zu wissen, ob es wahrscheinlich ein angenommener Vermögenswert ist.

Ein Beispiel für eine echte Nützlichkeit ist Ethereum, weil es Ihnen erlaubt, dezentrale Anwendungen zu erstellen, was bedeutet, dass eine große Bequemlichkeit oder ein Bedürfnis dahinter steckt, so dass es einfach ist, darauf abzuzielen, es zu behalten, da es auf diese Nützlichkeit reagiert, und so können Sie einen Vermögenswert in Ihr Portfolio aufnehmen.

3. **Transaktionsvolumen**

Es ist ein Indikator, der verwendet wird, um zu wissen, ob eine Kryptowährung wirklich verwendet wird, dies kann unter dem Transaktionsvolumen bestimmt werden, vor allem innerhalb seines historischen Niveaus ist auch ein Spiegelbild der Bedeutung, die es auf dem Markt hat, es ist auch ein Zeichen, dass dies zunehmen wird und bekräftigt, wie skalierbar es ist, diese Investition zu halten.

4. **Technologie-Entwicklung**

Es wird als ein Schlüsselaspekt betrachtet, um über Kryptowährungen zu messen, da es eine Analyse über die Technologie hat, die einen solchen Vermögenswert unterstützt, dies ist ein Signal, um zu erkennen, ob es eine Alternative mit Erfolgswahrscheinlichkeit ist, basierend auf seiner technologischen Entwicklung, es ist auch ein Weg, auf dem Transaktionen entwickelt werden, je effizienter, desto mehr steigen die Zahlen.

5. Markt-Nachrichten

Wenn eine Kryptowährung in Schwierigkeiten ist, können Sie das ganze Thema studieren und den Grad des Problems bestimmen. Solange es kein Hindernis ist, das die langfristige Lebensfähigkeit einschränkt, können Sie sich weiterhin von anderen Details leiten lassen, da die Rolle der Medien nicht über der vorherigen Studie liegen kann.

Das Wichtigste ist, dass Sie wissen, was passiert, um jede Reaktion oder erkundigen Sie sich über Nachrichten von zukünftigen Releases, dies vollständig auf den Preis des Vermögenswertes, aus diesem Grund ist es eine Folge, die nicht übersehen werden sollte, auf dem Laufenden zu sein ist eine große Referenz zu bilden und Entscheidungen zu treffen, um die Asset-Portfolio.

Dies sind einige grundlegende Indikatoren, sie sind ein Zeichen der Lebensfähigkeit, bevor Sie einen Finger heben, am Anfang können Sie dies im Auge behalten, um ein solides

Portfolio zu haben, solange Sie einen Prozentsatz dieser Vermögenswerte nach den Ergebnissen, die durch Forschung generiert werden, erhalten können.

- **Leidenschaft für Risiko**

Es besteht kein Zweifel, dass die Bestimmung der langfristigen Anlagespanne durch die Exposition der gewählten Kryptowährung gemessen wird, aber es geht auch Hand in Hand mit der Risikofähigkeit, die Sie tolerieren, d.h. je mehr Risiko Sie eingehen, desto mehr Risiko können Sie mit einem Gewinnzug bekommen, besonders im Vergleich zu dem, was ein traditioneller Markt Ihnen überlässt.

- **Die beliebtesten Projektionen**

Online können Sie eine Menge Empfehlungen finden, um Ihr Portfolio zu erstellen, mit Unterschieden und persönlichen Vorlieben, die die besten Optionen, die es gibt, um eine gute Gewinnspanne zu ernten, diese Online-Schemata sind beliebt, aber Sie können es als Inspiration verwenden.

1. **Bitcoin**

Zunächst einmal, in jedem Anlageportfolio befindet sich hartnäckig Bitcoin, es ist ein Basis-Asset über andere

Kryptowährungen mit der gleichen dezentralen Klassifizierung, seit 2009 als Pionier arbeitet es als Inspiration selbst in der Finanzwelt, wegen seiner breiten Flugbahn wird es in mehr und mehr Trades verwendet.

Der Markt für Kryptowährungen ist volatil, das gehört zu seinen Hauptspezifikationen, so dass Sie ein Portfolio mit geringem Risiko oder eines, das zu Ihrer Geschäftsvision passt, einrichten können, aber im Fall von Bitcoin kann es sich langfristig als ein sehr ausgewogener Vermögenswert erweisen, das merkt man deutlich an der Aufmerksamkeit, die es in den Nachrichten erhält.

2. **Bitcoin Bargeld**

Eine zweite Option ist Bitcoin Cash, dies ist eine Alternative, die dem Konzept von Bitcoin ähnlich ist, der Unterschied ist, dass diese eine Blockgröße von 8MB hat, stattdessen befindet sich der Bitcoin in 1MB, dies bedeutet, dass es eine größere Geschwindigkeit hat, um Transaktionen zu verarbeiten und zu geringen Kosten.

Wenn man sich diese unterschiedlichen Bewegungen zwischen Bitcoin und Bitcoin Cash vor Augen hält, wird klar, dass sie nicht miteinander verwandt sind, aber eine klare Bewegung ist, dass, wenn Bitcoin steigt, es bedeutet, dass der

Preis von Bitcoin Cash sich nach unten bewegt, diese Art von Daten kann als Strategie verwendet werden, um eine ungünstige Bitcoin-Bewegung auszugleichen.

3. **Ethereum**

Ethereum ist eine ganz andere Option zu Bitcoin, wie seine Funktion ist es, die Entwicklung von dApps mit intelligenten Verträgen zu ermöglichen, die Währung dieses Projekts wird als Ether genannt, es ist eine vielversprechende Umgebung für alles, was es in Bezug auf Vorschlag oder Initiative bietet.

4. **Litecoin**

Es wird als eine Förderung ähnlich dem Goldstatus von Bitcoin anerkannt, auf der anderen Seite stellt es eine harte Abspaltung von Bitcoin dar. Es besteht kein Zweifel, dass Litecoin als Werttauschwährung verwendet werden kann, aber die Blockerzeugungszeit beträgt mindestens 2,5 Minuten, wenn man sie mit Bitcoin vergleicht, besitzt sie einen Unterschied von 10 Minuten.

Das Design dieses Assets basiert auf einem Hash-Algorithmus (Scrypt), der zur Erstellung bzw. Generierung der Blockchain verwendet wird, weshalb es als eine der modernsten Kryptowährungen eingestuft wird.

5. Monero

Monero hat eine große Ähnlichkeit mit Bitcoin, da seine Funktion darin besteht, ein Wertaustausch zu sein, aber der Unterschied besteht darin, dass es zu einem Vermögenswert geworden ist, der um jeden Preis versucht, die Privatsphäre der an der Blockchain teilnehmenden Benutzer zu gewährleisten, und zwar durch einen Adressmechanismus, der nicht entdeckt werden kann.

Anonymität wird immer mehr gesucht und dies wird durch diesen Weg Realität, so dass Ihre Adresse nicht aus irgendeinem Grund ausgesetzt ist, stattdessen, wenn Sie in Bitcoin investieren, kann es verfolgt werden, dies ist wesentlich in einer Umgebung, in der es mehr und mehr Vorschriften gibt und die Privatsphäre ist nützlich, wenn es um Transaktionen geht.

6. Zcash

Zcash erfüllt die gleichen Parameter wie Monero, da es sich um ein Medium handelt, das den Austausch von Informationen ermöglicht, ohne die Identität der Teilnehmer preiszugeben, ist die Anonymität der Nutzer eine sehr gefragte Anforderung.

Im Allgemeinen ist das Investieren in den Kryptowährungsmarkt emotional, aber Sie müssen bedenken, dass Sie Sicherheit über die Vermögenswerte benötigen, das heißt, dass die Wahl der Wallet ein grundlegender Schritt ist, so dass Sie an einer Investition teilnehmen werden, die die Emotionen testen wird.

Diese Anlageklasse bietet ein höheres Renditeniveau, aus diesem Grund ist sie inspirierend, der Verzicht auf traditionelle Investitionsmittel ist auf die Vorteile zurückzuführen, die diese Möglichkeit bietet und die technologische Unterstützung, dies wird eine Realität, sobald Sie eine hochrangige Strategie erhalten, um den Markt zu überwinden und zu widerstehen.

Überlegungen und Zweifel zum langfristigen Handel

Seit langem ist die Idee des kurzfristigen Investierens beliebt, weil es eine Möglichkeit ist, in kurzer Zeit ein auffallendes Gewinnniveau zu ernten, aber langfristig kann man geringere Risiken und Kontrolle über das angestrebte Gewinnniveau finden, das sind Eigenschaften, die man zwischen der einen oder anderen Maßnahme im Auge behalten sollte.

Geld zu bekommen durch die Vermarktung von Bitcoin, sowie durch andere Kryptowährungen ist nicht so ein fernes

Ziel oder so einfach, zunächst hängt von zwei Aspekten auf der einen Seite ist die Zeit, die Sie verbringen, um es zu erreichen, und auf der anderen Seite das Risiko, dass Sie in der Lage sind, in diesem Prozess zu übernehmen.

Der Begriff geht immer Hand in Hand mit der Art des zu übernehmenden Risikos. Um sich für die eine oder andere Option zu entscheiden, können Sie die folgenden Punkte berücksichtigen:

- **Auf der Suche nach betrügerischen Optionen**

Die weite Welt des Bitcoin besteht aus wichtigen Alternativen, manchmal haben sie mehr mit dem Investieren als mit dem Verkaufen zu tun. Andererseits sollten Sie vorsichtig sein mit der Menge an Handelsgenies oder Gurus, die Sie in diesem Medium finden, denn sie bieten Ihnen an, in einige Kryptowährungen als Hilfe zu investieren, aber sie sind das Gegenteil.

Die Situationen, mit denen Sie zu tun haben, sind vielfältig, weil sie Betrug sein können, und auf der anderen Seite kann es auch die Schaffung eines positiven Trends durch die Intensivierung der Preise, dh sind Pläne, bei denen Kunden selbst zusätzlich zu zahlen, handeln als Vermittler Handel für diese, um Gewinne auf Ihr Portfolio zu erhalten.

Der Reiz sollte direkt auf den Informationsgehalt gelegt werden, denn es handelt sich um eine akademische Ausbildung, die mit dem Ziel angeboten wird, eine bessere Rendite zu erzielen, besonders wenn es sich um eine langfristige Investition handelt, ist dies die beste Art zu lernen, darüber hinaus ist es verlockend, für Daten oder Signale zu bezahlen.

- **Die Gegenwart vs. die Zukunft**

Die Daten rund um diese Trends auf dem Kryptowährungsmarkt und in der Welt der traditionellen Finanzen sind ein Mittel, bei dem es offensichtlich ist, dass Sie neuartige Strategien implementieren müssen, denn wenn Sie an vergangenen Praktiken festhalten, werden Sie nur schlechte Ergebnisse erzielen, und eine allgemeine Faustregel ist es, Ihre Investitionen zu diversifizieren.

Durch verschiedene Kryptowährungen können Sie von einem höheren Zinseszins profitieren, dies kann durch bestimmte Plattformen vom Niveau oder der Bedeutung von Binance realisiert werden, dadurch beginnen sich Renditen zu materialisieren, ohne Sicherheitsrisiken eingehen zu müssen.

Auf der Ebene der Investoren ist es ausgesetzt, dass der Handel sehr riskant für Sie ist, weil die übliche Sache ist, dass Sie nur eine niedrigere Rendite erhalten, als das, was auf dem Markt ausgesetzt ist oder gefunden wird, deshalb unterwirft die Idee der Investition auf einem Kryptowährung-Ökosystem Sie vielen Schritten und Maßnahmen, um die Angst zu überwinden.

Das Erlernen der Fähigkeit, in Kryptowährungen zu investieren, ist ein progressiver Schritt, d.h. es geht um Eskalationen und in erster Linie um Entdeckungen, deshalb können Sie im Durchschnitt auf Entscheidungen stoßen, die nicht profitabel sind, aber es ist in der Beharrlichkeit über Verluste, dass Sie Gewinne ernten können, indem Sie die Stolpersteine der Vergangenheit beiseite legen.

Sie sehen, dass diese Schritte für normale Investoren nicht profitabel sind, vor allem, wenn man alle Aspekte dazwischen und die Provisionen hinzurechnet, wird dies in den Transaktionen, die Sie machen, erhöht, wobei die Verlustspanne hoch ist, obwohl Sie auf lange Sicht diese Art von Kopfschmerzen loswerden.

- **Bevorzugung des langen Weges bei Investitionen**

Die Daten hinter langfristigen Kryptowährungsinvestitionen legen fest, dass kurzfristige Risiken vollständig eliminiert werden können, wodurch das Kapital, das Sie besitzen, multipliziert wird, daher kann der Schlüssel auf der Geschwindigkeit des Handels liegen, zusätzlich zu der Einrichtung von sicheren Optionen für die Rendite der Investition vorhanden zu sein.

Die langfristige Rendite generiert höhere Prozentsätze in einigen Fällen, auch einige Börsen haben die Möglichkeit, Zinseszins zu bieten, denn im Fall von Binance generiert 5% auf viele der cryptocurrencies angeboten, so dass die einfache Tatsache, halten cryptocurrencies können Sie jährliche Renditen.

Die Vorhersagen begünstigen viel mehr langfristige Investitionen, denn wenn Sie sich für eine kurzfristige entscheiden, erhöht sich das Risiko, denn wenn Sie einen positiven Prozentsatz des Gewinns ernten, dann können Sie ihn in einer anderen Investition verlieren, aber auf lange Sicht haben Sie die Kontrolle, um auszusteigen, wenn er auf das Niveau oder die Marge gestiegen ist, die Sie erwarten.

Die Investitionsrolle von Social Trading

Beim Investieren in Kryptowährungen ist es wichtig zu erkennen, was man tun sollte und was die Konsequenzen sind, so dass man das "Wie" des Investierens klären kann, indem man die richtigen Schritte befolgt. Um dies zu ermöglichen, geben Experten bestimmte Tipps heraus, so dass die Investment-Community die richtige Kryptowährung wählen kann.

Die Bedeutung von Kryptowährungen heute transzendiert zu einem sehr frequentierten Finanzinstrument, vor allem, weil es ein Weg, um die Ketten der Zentralisierung zu brechen ist, müssen Sie nur die Angst vor der Volatilität als ersten Schritt zu überwinden, um Wetten auf Vermögenswerte zu starten und wachsen als Bitcoin und Ether.

Die Aufzeichnungen von cryptocurrencies deutlich aussetzen, die Möglichkeit, in ein Projekt zu investieren, plus Sie können von einigen stabilen Optionen, die nützlich für Konservativen, wo es die Rolle der DAI oder der Tether selbst, die an den Dollar und seinen Wert verankert ist, folgt.

Diese Art von internationalen Trend ist eine Live-Wette, über eine gewisse Unsicherheit, kann dies durch die Studie von mercadocripto diskutiert werden, wo Statistiken werden ein sehr Grund, diese Art von finanziellen Chance zu vertrauen, wodurch ein höheres Maß an Vertrauen auf die Nutzer gegenüber Währungen.

Aber der eigentliche Grund, warum mehr Menschen entscheiden, in diesem Medium zu investieren, ist unter der

Bildung von langfristigen Strategien, ist dies vor allem auf das Misstrauen, das über das traditionelle Finanzsystem besteht, aber der beste Weg, um beiseite diese Barriere der erste Schritt zu verlassen ist, sie zu kaufen.

Auf der anderen Seite, müssen Sie darüber nachdenken, wie man den Vermögenswert zu verwenden, mit Hilfe von Inhaber definiert als Inhaber oder Inhaber des Vermögenswertes, und dann zu einem Händler oder Händler, kommt diese magische Formel wahr durch Social Trading, das ist, dass Sie die Fähigkeit, verschiedene Werkzeuge zu verwenden haben.

Der Weg zur Risikoreduzierung führt über verschiedene Messelemente, dies erhöht gleichzeitig die Lernkurve, dazu müssen Sie diese Maßnahmen kennen oder vorliegen haben:

- **Die Rolle des sozialen Handels**

Es geht im Grunde darum, das digitale Portfolio zu duplizieren, das einer Referenzperson gehört. Es muss jemand sein, der in der Finanzwelt anerkannt ist und darüber hinaus nachweisliche Ergebnisse in realen Fakten hat, so dass Sie deren Investitionen folgen und auf die Vermögenswerte wetten, die sie als Vermögenswerte betrachten.

Eine gewinnbringende Alternative zu bekommen ist auf diesem Weg möglich, aber Sie übernehmen die Verantwortung für Ihre Wahl, da diese keine absolute Garantie hat, Sie können gleichermaßen gewinnen und verlieren, im Medium der Kryptowährungen ist keine Entscheidung sicher, aber zumindest folgen Sie einer Strategie eines Experten.

Die Stimmung kann viel ruhiger sein, wenn man weiß, dass man sich auf verlässliche Daten verlässt, anstatt sich einem zu großen Marktrisiko auszusetzen.

- **Wie man am Social Trading teilnimmt**

Inmitten vieler Handelsplattformen werden Sie einen Bereich bekommen, der für soziale Aktivitäten gedacht ist. Dies ermöglicht die Entwicklung des sozialen Handels, es ist ein Weg für Sie, nicht alleine Schritte in diesem Medium unternehmen zu müssen, da das Investieren eine komplette Herausforderung für Sie sein kann.

Der soziale Handel wird immer mehr genutzt, durch Daten wie PrimeXBT und iProUP, zählt es, dass etwa mehr als 9.000 Benutzer gewidmet sind, um Strategien mit einem Kapital um 10 Millionen Dollar zu kopieren, wichtige Ergebnisse der Rentabilität zu erhalten, die bis zu 5.560% nach der Wahl steigen.

Um positive Ergebnisse zu erzielen, ist es jedoch möglich, sich für Portfolios mit hohem Risiko zu entscheiden, was Ihnen von vornherein sagt, dass es viele Verlustfaktoren gibt, aber ein Portfolio, das konservativ ist, kann eine Rendite von mindestens 30% eines monatlichen Einkommens bieten.

Der Gewinn dieser Methode ist 100% real, aber es befreit Sie nicht davon, eine beträchtliche Menge an Geld zu verlieren, abhängig von Ihren Entscheidungen, in allen Arten von Investitionen müssen Sie die Risiken in Betracht ziehen, um Gewinne zu ernten, es gibt keinen sicheren Weg, Geld zu bekommen, ohne Exposition werden Sie nicht in der Lage sein, Erfolg zu erzielen.

Die Schritte zur Anwendung dieser Strategie bei Investitionen im Rahmen des Social Trading sind einfach und laufen auf diese Maßnahmen hinaus:

1. Über PrimeXBT können Sie z.B. die Registerkarte "Covesting" betreten und darauf zugreifen. Auf dieser Option finden Sie eine große Anzahl von Optionen zur Bildung von Strategien, sortiert nach der Art der von Ihnen gewählten Qualitäten.
2. In der Mitte der Auswahl können Sie den Grad des Risikos filtern, dem Sie ausgesetzt sind, dies geht Hand in

Hand mit der Zeit, durch die Sie operieren werden, und ohne zu vergessen, die Erfahrung oder Bedeutung des Administrators der Strategie auf der Plattform zu bestätigen.

3. Finden Sie eine geeignete Option für Ihr Profil, können Sie einige schnelle Gewinn durch Strategien, die ein hohes Risiko sind, als auch langfristig, so dass die Mittel mehr sicher verteilt sind zu bekommen.

Die Art der sozialen Plattform, ist das, was einen Charakter auf die Investition, dh übersetzt in eine Möglichkeit, das Niveau des Vertrauens, dass eine solche Prognose hat, zu überprüfen, da, wenn es eine Umgebung mit wenig Ruf ist, ist es keine gute Option, um Ihr Vermögen zu erweitern, müssen Sie auch eine flüssige Kommunikation mit Investoren.

Inmitten der Gemeinschaft können Sie sich bei Rückschlägen im Markt behaupten, aber es kann auch kontraproduktiv sein, weil es Ihre Ängste wecken kann, also lesen Sie und kümmern Sie sich um die Seite der Anonymität, so dass Sie sich mehr nur auf den Handel konzentrieren.

Aber ein Schlüssel zu dieser Option ist, nicht an einer einzigen Strategie festzuhalten, viel weniger an einem einzigen

Charakter, auch einige Gewinne können als Köder verwendet werden, so dass Sie sich nicht von Versprechungen oder viel weniger mitreißen lassen sollten, die Konzentration sollte auf den Ergebnissen liegen, bevorzugen Sie nur Manager mit mehr Seniorität.

Der "HODL oder stirb"-Trend

Langfristige Kryptowährungs-Investment-Empfehlung ist ein täglicher Tipp auf allen sozialen Medien, sie sind hervorragende finanzielle Bewegungen, weil einige historische Marge können Sie einen erheblichen Gewinn verlassen, aber Sie sollten auch einige Tropfen erwarten, dies bedeutet Verluste, nicht eine Gelegenheit zu kaufen, weil Sie etwas erwarten können, um Sie von anderen Vermögenswerten zu schließen.

Ein Feind, mit dem man sich auseinandersetzen muss, ist die Angst oder der Impuls, in einer Rezession großen Ausmaßes Verkäufe zu tätigen, vor allem, wenn historisch anerkannt ist, dass es nach diesen Szenarien einen positiven Sprung gibt, so dass ein übereilter Verkauf keine Art von Gewinn, sondern Verluste höheren Niveaus hinterlässt.

Eine Grundregel für die langfristige Beteiligung an Kryptowährungen ist, dass man bei einem investierten Einkommen über komplizierte Zeiten hinweg Ruhe bewahren und eine längere Zeitspanne als 1000 Tage abwarten muss, um sich zu erholen, aber das kann an den Leistungsspannen variieren, da sehr drastische Veränderungen zu sehen sind.

Das Hodling ist in jeder Hinsicht eine bevorzugte Praxis, es ist ein Ökosystem, auf dem Sie auf Wachstumsprozente stoßen werden, die Sie sich von Anfang an nicht vorgestellt haben, daher ist die Zeit der beste Berater für Sie, um Gewinne zu erzielen, ohne die Geduld als Rettungsanker aus den Augen zu verlieren, um auf den Zeitpunkt des Verkaufs zu warten.

Maßnahmen für ein langfristiges Investment in Bitcoin

Es besteht kein Zweifel, dass eine Kryptowährung von großer Relevanz wie Bitcoin bestimmte Details hat, die man nicht übersehen darf. Daher können Sie die Schulung über Kryptowährungen durch Kurse nicht vergessen, in denen spezielle Strategien für die Vermögenswerte organisiert werden, die Sie im Sinn haben, um sie in Ihr Portfolio aufzunehmen.

Ein Mittel der Analyse ist auf dem Bitcoin-Netzwerk installiert, da diese Kontrolle ist das, was erlaubt, um die Bewegung, die zu bekommen, um diese beliebte Vermögenswert in der ganzen Welt haben zu visualisieren, zusätzlich die Benutzer selbst sind diejenigen, die kontrollierten Transaktionen durch Validierung auf der Blockchain halten.

Der Betrieb von Bitcoin hängt von der Anzahl der Punkte, die erlauben oder akzeptieren dieses Zahlungsmittel, auf dieser Seite entsteht eine Art von Sicherheit, um auf diesen Vermögenswert zu wetten, ist es als ein zuverlässiges Mittel konzipiert ist Teil der Blockchain-Technologie, es ist ein Buch, wo jeder der digitalen Bewegungen untergebracht sind.

Eine weitere Maßnahme, um Teil der Investition auf Bitcoin ist unter Bergbau, da nach allem, was sie sind Vermögenswerte, die verschlüsselten Code haben, und die Zeit, die beteiligt ist, hängt direkt auf den Bergbau Macht, aber die Rentabilität hängt von den Geräten, die Sie verwenden.

Der erste Schritt ist, Bitcoin zu kaufen und die sicherste Wallet zu wählen, dann geht die Operation Hand in Hand mit den Aktionen der Lagerverwaltung, dafür müssen Sie die

Entwicklung dieses Vermögenswerts verfolgen, bis er einen günstigen Moment erreicht, um zu verkaufen, und das macht einen Unterschied zu dem Tag, an dem Sie ihn gekauft haben.

www.ingramcontent.com/pod-product-compliance
Lightning Source LLC
Chambersburg PA
CBHW070438220526
45466CB00004B/1729